电子商务数据分析

北京中清研信息技术研究院

电子工业出版社
Publishing House of Electronics Industry
北京·BEIJING

内容简介

本书系统地介绍了电子商务数据分析的方法和实战技巧，详细介绍了电子商务数据分析的基础、电商数据分析岗位必备的技能、电商企业经营的市场分析、如何进行电商营销数据分析、如何进行电商网站运营数据分析等内容，对每一种分析方法都进行了详细介绍，深入浅出，与真实案例相结合进行分析总结，并且有针对性地策划可行性数据分析方案，使读者能够身临其境地感受到电子商务数据分析的魅力。

未经许可，不得以任何方式复制或抄袭本书之部分或全部内容。

版权所有，侵权必究。

图书在版编目（CIP）数据

电子商务数据分析 / 北京中清研信息技术研究院著. —北京：电子工业出版社，2016.8
ISBN 978-7-121-29697-0

Ⅰ. ①电… Ⅱ. ①北… Ⅲ. ①电子商务—数据处理 Ⅳ. ①F713.36②TP274

中国版本图书馆 CIP 数据核字（2016）第 189532 号

责任编辑：徐津平
特约编辑：赵树刚
印　　刷：北京虎彩文化传播有限公司
装　　订：北京虎彩文化传播有限公司
出版发行：电子工业出版社
　　　　　北京市海淀区万寿路 173 信箱　　邮编：100036
开　　本：720×1000　1/16　印张：15.25　字数：293 千字
版　　次：2016 年 8 月第 1 版
印　　次：2023 年 1 月第11次印刷
定　　价：49.00 元

凡所购买电子工业出版社图书有缺损问题，请向购买书店调换。若书店售缺，请与本社发行部联系，联系及邮购电话：（010）88254888，88258888。

质量投诉请发邮件至 zlts@phei.com.cn，盗版侵权举报请发邮件至 dbqq@phei.com.cn。
本书咨询联系方式：010-51260888-819，faq@phei.com.cn。

前言

《电子商务数据分析》是以电子商务交易技术国家工程实验室"资历架构能力标准体系"为基础推导的课程体系培训教材，其内容随着行业发展不断进行调整和补充，涵盖电子商务数据分析岗位所需知识和能力的要求，可帮助读者迅速培养电子商务数据分析岗位工作能力。

本书不同于司空见惯的各种相关书籍，更善于引导读者进行思考，给予读者充分的想象空间，而不是仅仅向其灌输现成的条条框框的知识。在本书的启发下，读者可以将目光投向更宽、更深的知识领域，发掘更多的数据分析知识，早日成为电子商务数据分析达人。

常言道"工欲善其事，必先利其器"，电子商务数据分析也不例外，在实际工作中我们会遇到大量的分析方法和工具，每一款都有其一技之长。为满足读者需求，本书包含了丰富而实用的案例，同时，采用通俗易懂的方式向读者介绍电子商务数据分析知识。本书从解决问题的角度介绍了电子商务数据分析的基础、电商数据分析岗位必备的技能、电商企业经营的市场分析、如何进行电商营销数据分析、如何进行电商网站运营数据分析等内容，让大家在愉快的阅读中，不知不觉就学会了使用各种实用的数据分析方法和工具。

希望这本书能够成为读者书架上的常备手册，在读者走进电子商务数据分析领域之初，或是遇到从业疑难时，提供力所能及的帮助。

当然，仅就本书而言，读者不可能学到电子商务数据分析师所需要的全部知识，但希望读者在学习完本书后，能快速具备电子商务数据分析师所需要的最基本的知识和技能，能快速进入该行业。

本书学习方法

本书包括内容讲解、本章练习题、各章练习题参考答案。另外，读者可登录"好学好职网"学习相关内容。网址：www.haoxuehaozhi.com。

目录

第1章 电子商务数据分析的基础 ……………………………………………………… 1

第1节 初识电商行业中的大数据 ……………………………………………… 2
1.1 借助大数据分析优化市场定位 ………………………………………… 2
1.2 借助大数据优化市场营销 ……………………………………………… 3
1.3 大数据助力电商企业的收益管理 ……………………………………… 4
1.4 大数据协助创新用户新的需求 ………………………………………… 5

第2节 电商数据分析的意义 …………………………………………………… 6

第3节 电商数据分析的方法和流程 …………………………………………… 7
3.1 收集数据 ………………………………………………………………… 8
3.2 量化分析 ………………………………………………………………… 9
3.3 提出方案 ………………………………………………………………… 10
3.4 优化改进 ………………………………………………………………… 10

第4节 电商数据分析岗位的职业规划 ………………………………………… 10
4.1 职业前景 ………………………………………………………………… 10
4.2 职业素养及成长阶段建议指南 ………………………………………… 11

第5节 电商数据分析体系的架构 ……………………………………………… 14
5.1 企业数据相关的架构及职能 …………………………………………… 14
5.2 企业数据业务工作流程 ………………………………………………… 16

本章练习题 ……………………………………………………………………… 18

第2章 电商数据分析岗位必备的技能 ... 19

第1节 电商数据分析的业务指标 ... 20
第2节 常用的电商数据分析方法 ... 37
  2.1 流量来源分析 ... 37
  2.2 流量效率分析 ... 38
  2.3 站内数据流分析 ... 39
  2.4 网购用户行为特征分析 ... 40
  2.5 网店经营数据分析 ... 42

本章练习题 ... 44

第3章 电商企业经营的市场分析 ... 46

第1节 常用的市场研究分析模型 ... 47
第2节 电商企业市场分析的主要工作 ... 59
  2.1 各行业电子商务的市场分析 ... 59
  2.2 企业内部电商市场分析的核心数据指标 ... 63
第3节 必须掌握的市场分析技能 ... 65
  3.1 如何设计一份合格的调查问卷 ... 65
  3.2 如何举办一场用户调查活动 ... 69
  3.3 如何撰写用户调查报告 ... 69

本章练习题 ... 71

第4章 如何进行电商营销数据分析 ... 73

第1节 营销分析的内容 ... 74
第2节 营销分析的流程 ... 85
第3节 广告效果分析的内容 ... 87
第4节 营销分析体系 ... 90
  4.1 营销分析场景概览 ... 90

4.2 效果预测 ······ 90
4.3 营销分析结果判断 ······ 92
4.4 数据探究 ······ 94
4.5 业务执行 ······ 95

第 5 节　撰写营销分析报告 ······ 96
本章练习题 ······ 97

第 5 章　如何进行电商网站运营数据分析 ······ 99

第 1 节　电子商务网站运营分析 ······ 100
1.1 内容界定 ······ 100
1.2 活动分析 ······ 100
1.3 资源位分析 ······ 101
1.4 商品分析 ······ 104
1.5 产品分析 ······ 105

第 2 节　运营分析维度 ······ 106
2.1 运营分析维度图示 ······ 106
2.2 运营分析维度详解 ······ 106

第 3 节　网站运营分析体系 ······ 109
3.1 用户分析 ······ 109
3.2 流量来源分析 ······ 109
3.3 内容分析 ······ 110
3.4 商品销售分析 ······ 110

第 4 节　撰写网站运营分析报告 ······ 110
4.1 业务经营分析报告 ······ 110
4.2 网站运营分析报告 ······ 112
4.3 网站改版分析报告 ······ 112
4.4 单品分析报告 ······ 115

第 5 节　运营分析案例讲解 ······ 116

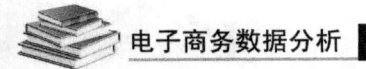

  5.1 用户调研分析 ··· 116
  5.2 站内活动分析 ··· 117
  5.3 单品销售分析 ··· 118
 本章练习题 ·· 120

第6章 如何进行会员数据分析 ·· 121

 第1节 会员数据的内容及价值 ··· 122
  1.1 用户基本信息概览 ··· 122
  1.2 用户标签概览 ··· 123
 第2节 会员分析常用的模型介绍 ··· 126
  2.1 应用于用户分群的模型 ··· 126
  2.2 应用于用户预测的模型 ··· 130
  2.3 应用于营销规则提取的模型 ··· 132
 第3节 会员数据应用场景 ··· 133
  3.1 会员管理日常工作内容 ··· 133
  3.2 会员数据分析的主要场景 ·· 134
 第4节 会员数据需求收集和分析流程方法 ·· 138
  4.1 会员的数据需求 ··· 138
  4.2 专项数据挖掘 ··· 140
 第5节 撰写会员报告的方法 ··· 140
 第6节 会员分析案例讲解 ··· 142
  6.1 用户分群案例 ··· 142
  6.2 针对营销目的选择精准会员 ··· 144
 本章练习题 ·· 147

第7章 常用网店数据分析工具 ·· 149

 第1节 生意参谋 ·· 150
  1.1 生意参谋小常识 ··· 150

1.2　生意参谋功能详解 155

第2节　数据魔方 160

　　2.1　数据魔方常识 160

　　2.2　数据魔方功能详解 162

第3节　赤兔（淘宝） 164

　　3.1　赤兔常识 164

　　3.2　赤兔功能详解 168

第4节　生e经（淘宝） 175

　　4.1　生e经常识 175

　　4.2　生e经功能详解 177

第5节　数据罗盘（京东） 178

　　5.1　数据罗盘小常识 178

　　5.2　数据罗盘功能详解 179

本章练习题 181

第8章　数据分析工具的使用 182

第1节　常用数据分析工具介绍 183

　　1.1　数据思路类工具 183

　　1.2　数据存储与提取工具 183

　　1.3　数据分析与挖掘工具 184

　　1.4　数据可视化工具 186

　　1.5　商业智能类 187

第2节　常用淘宝推广数据分析 188

　　2.1　直通车推广数据指标及案例讲解 188

　　2.2　淘宝产品上架时间&定价数据指标及案例讲解 191

第3节　网站分析常用工具 194

　　3.1　Adobe Analytics 194

3.2　Webtrekk ···················· 195

　　　3.3　Google Analytics ············· 195

　　　3.4　IBM Coremetrics ············· 196

　　　3.5　Piwik 百度统计 ··············· 196

　　　3.6　Flurry ······················· 196

　　　3.7　友盟 ························ 197

　本章练习题 ···························· 198

第9章　数据的管理和输出 ················ 200

　第1节　企业级数据的管理方法与方式 ···· 201

　　　1.1　企业级数据的管理目的 ········ 201

　　　1.2　当前市面上典型的企业级数据管理机构 ··· 202

　　　1.3　企业级数据管理的方式 ········ 203

　第2节　企业级数据存储知识 ············ 207

　第3节　数据输出与管理方法 ············ 211

　　　3.1　数据可视化分析 ·············· 211

　　　3.2　常用的5种可视化方法 ········ 212

　　　3.3　数据可视化图表 ·············· 214

　　　3.4　数据可视化的发展趋势 ········ 219

　本章练习题 ···························· 219

各章练习题参考答案 ······················ 221

第 1 章

电子商务数据分析的基础

电子商务数据分析的基础		
	初识电商行业中的大数据	借助大数据优化市场定位；借助大数据优化市场营销；大数据助力电商企业的收益管理；大数据协助创新用户新的需求。
	电商数据分析的意义	把隐藏在一大批看似杂乱无章的数据背后的信息集中和提炼出来，总结出研究对象的内在规律。在实际工作当中，数据分析能够帮助管理者进行判断和决策，以便采取适当的策略与行动。
	电商数据分析的方法和流程	收集数据、量化分析、提出方案、优化改进。
	电商数据分析岗位的职业规划	职业前景：工资高、晋升快、前景好、缺口大。 数据分析的岗位大体分为3个级别：初级分析师、中级分析师、高级分析师。
	电商数据分析体系的架构	企业数据相关的架构及职能：一般职能、系统运维、数据架构、数据管理、数据产品、数据分析、数据挖掘、市场战略。 企业数据业务工作流程：数据采集、数据存储、数据计算、数据管理、数据应用。

第1节 初识电商行业中的大数据

随着网络和信息技术日益普及，大数据逐步渗透甚至颠覆着人类的生活方式，随着数据量呈指数级增长，当下云计算的诞生又直接把我们送进大数据时代。"大数据"逐步向各行业渗透辐射，颠覆着很多特别是传统行业的管理和运营思维。大数据更是触动着电商行业管理者的神经，搅动着电商行业管理者的思维；大数据在电商行业释放出的巨大价值吸引着诸多电商行业人士的兴趣和关注。**探讨和学习如何借助大数据服务于电商行业经营管理便是本书向读者传递的核心价值点**。

之所以称之为大数据，是因为电子商务时代数据量很大，以至于无法在可承受的时间范围内用常规软件工具进行捕捉、管理和处理。进行电子商务数据分析的意义在于对数据进行专业化处理，得到一个服务于企业管理决策或提升用户体验的结论。当然，大数据在电商行业中的应用有着越来越多的创新性发展。

1.1 借助大数据分析优化市场定位

电商企业要想在互联网市场站稳脚跟，必须架构大数据战略，对外要拓宽电商行业调研数据的广度和深度，从大数据中了解电商行业市场构成、细分市场特征、消费者需求和竞争者状况等众多因素；对内企业想进入或开拓某一区域电商行业市场，首先要进行项目评估和可行性分析，决定是否开拓某块市场，最大化规避市场定位不精准给投资商和企业自身带来的毁灭性损失。

案例：

Decide.com 是一家预测商品价格并为消费者提供最佳购买时间，哪款产品评价好、值得买建议的创业公司。Decide 董事长兼 CEO Mike Fridgen 在一份声明中称："它很真诚地告诉每一个亲爱的用户，Decide 网站的价格预测不是表面文章，因为所有的价格建议都来自我们专业的数据分析结果。"

不错，Decide.com 通过抓取亚马逊、百思买、新蛋及全球各大网站上数以十亿计的数据进行分析，最终整合在一个页面中方便消费者对比查看，并且能够预测产品的价格趋势，帮助用户确定商品的最佳购买时机。

第1章 电子商务数据分析的基础

为了证明预测的准确性，Decide.com 每天都会选择 10 个交易，如果它预测的价格在两个星期内降价，Decide.com 将会自动通知买方，并支付价格下降的金额（最多 200 美元）。

Decide.com 于 2011 年 6 月成立，2013 年 9 月被 eBay 收购，同时对外关闭。

案例：

Iron Maiden，这个颇有争议的英国重金属乐队从 1976 年出道火到现在。其通过对用户上网数据的分析，定位于歌迷分布密度最大的区域——圣保罗，并在此举办了一场演唱会，取得了空前的成功。

市场定位对电商行业市场开拓非常重要。但是，要想做到这一点，就必须有足够的信息数据来供电商行业研究人员分析和判断，数据的收集整理就成为了最关键的一步。在传统分析情况下，分析数据的收集主要来自于统计年鉴、行业管理部门数据、相关行业报告、行业专家意见及属地市场调查等，这些数据多存在样本量不足、时间滞后和准确度低等缺陷，研究人员能够获得的信息量非常有限，使准确的市场定位存在着数据瓶颈。

互联网时代，借助数据挖掘和信息采集技术，不仅能够给研究人员提供足够的样本量和数据信息，还能够建立基于大数据的数学模型对企业未来市场进行预测。

1.2 借助大数据优化市场营销

今天，从搜索引擎、社交网络的普及到人手一机的智能移动设备，互联网上的信息总量正以极快的速度不断暴涨。每天在 Facebook、Twitter、微博、微信、论坛、新闻评论、电商平台上分享的各种文本、照片、视频、音频、数据等信息高达几百亿甚至几千亿条，涵盖着商家信息、个人信息、行业资讯、产品使用体验、商品浏览记录、商品成交记录、产品价格动态等海量信息。这些数据通过聚类可以形成电商行业大数据，其背后隐藏的是电商行业的市场需求、竞争情报，闪现着巨大的财富价值。

在电商行业市场营销工作中，无论是产品、渠道、价格还是顾客，可以说每一项工作都与大数据的采集和分析息息相关,以下两方面内容是电商行业市场营销工作的重中之重。

- **对外**:通过获取数据并加以统计分析来充分<u>了解市场信息</u>,掌握竞争者的商情和动态,知晓产品在竞争群中所处的市场地位,达到"知己知彼,百战不殆"的目的。
- **对内**:企业通过积累和<u>**挖掘电商行业消费者数据**</u>,有助于分析顾客的消费行为和价值趋向,便于更好地为消费者服务和发展忠诚顾客。

以电商行业对顾客的消费行为和趋向分析为例,企业平时善于积累、收集和整理消费者的消费行为方面的信息数据,如:

- 消费者购买产品的花费。
- 选择的产品渠道。
- 偏好产品的类型。
- 产品使用周期。
- 购买产品的目的。
- 消费者家庭背景。
- 工作和生活环境。
- 个人消费观和价值观等。

如果企业收集到了这些数据,并建立了消费者大数据库,便可通过统计和分析来掌握消费者的消费行为、兴趣偏好和产品的市场口碑现状;再根据这些总结出来的行为、兴趣爱好和产品口碑现状制定有针对性的营销方案和营销战略,投消费者所好,那么其带来的营销效应是可想而知的。

1.3 大数据助力电商企业的收益管理

<u>收益管理是起源于 20 世纪 80 年代的一种谋求收入最大化的新经营管理技术</u>,意在把合适的产品或服务,在合适的时间,以合适的价格,通过合适的销售渠道出售给合适的顾客,最终实现企业收益最大化目标。要达到收益管理的目标,<u>**需求预测、细分市场和敏感度分析**</u>是此项工作的 3 个重要环节,而这 3 个环节推进的基础就是大数据。

第 1 章　电子商务数据分析的基础

- **需求预测**是通过对建构的大数据进行统计与分析，采取科学的预测方法，通过建立数学模型，使企业管理者掌握和了解电商行业潜在的市场需求、未来一段时间每个细分市场的产品销售量和产品价格走势等，从而使企业能够通过价格的杠杆来调节市场的供需平衡，并针对不同的细分市场来实行动态定价和差别定价。需求预测的好处在于，可提高企业管理者对电商行业市场判断的前瞻性，并在不同的市场波动周期以合适的产品和价格投放市场，获得潜在的收益。
- **细分市场**为企业预测销售量和实行差别定价提供了条件，其科学性体现在通过电商行业市场需求预测来制订和更新价格，使各个细分市场的收益最大化。
- **敏感度分析**是通过需求价格弹性分析技术，对不同细分市场的价格进行优化，最大限度地挖掘市场潜在的收入。

大数据时代的来临，为企业收益管理工作的开展提供了更加广阔的空间。需求预测、细分市场和敏感度分析对数据需求量很大，而传统的数据分析大多是采集企业自身的历史数据来进行预测和分析，容易忽视整个电商行业的信息数据，因此难免会使预测结果存在偏差。企业在实施收益管理的过程中，如果能在自有数据的基础上，依靠一些自动化信息采集软件来收集更多的电商行业数据，了解更多的电商行业市场信息，将会对制定准确的收益策略、赢得更高的收益起到推进作用。

1.4　大数据协助创新用户新的需求

差异化竞争的本质在于不停留在产品原有属性的优化上，而是创造了产品的新属性。满足用户需求是前提，但创造用户新需求才是行业革命的必要条件。

随着网络社交媒体的技术进步，论坛、博客、微博、微信、电商平台、点评网等媒介在 PC 端和移动端的创新和发展，公众分享信息变得更加便捷自由，而公众分享信息的主动性促进了"网络评论"这一新型舆论形式的发展。微博、微信、点评网、评论版上成千上亿的网络评论形成了交互性的大数据，其中蕴藏了巨大的电商行业需求开发价值，这些数据已经受到了电商企业管理者的高度重视。很多企业已把"评论管理"作为核心任务来抓，不仅可以通过用户评论及时发现负面信息进行危机攻关，更核心的是还可以通过这些数据挖掘用户需求，进而改良企业的产品，提升用户体验。

第2节 电商数据分析的意义

实践中,数据分析可以帮助人们做出判断,以便采取适当的行动。数据分析的意义在于:

- 发现问题,并且找到问题的根源,最终通过切实可行的办法解决存在的问题。
- 基于以往的数据分析,总结发展趋势,为网络营销决策提供支持。

电商数据分析的作用有:分享线上活动成效,考核相关人员绩效(KPI),监控推广的投入产出(ROI),发现客服、营销等方面的问题,预测市场未来趋势,帮助改进网站 UED。数据分析贯穿于产品的整个生命周期,包括从市场调研到售后服务的各个过程,都需要适当运用数据分析,以提升有效性。

案例:

2011 年 5 月 25 日,阿里巴巴宣布推出数据门户,并正式启用新域名。新推出的数据门户根据 4500 万中小企业用户的搜索、询单、交易等电子商务行为进行数据分析和挖掘,为中小企业及电子商务从业人士等第三方提供综合数据服务。马云曾表示,"数据"将是阿里巴巴未来十年发展的战略核心。

案例:

大数据时代企业掘金之路(00:04:00)

(http://www.tudou.com/programs/view/DDBdJ8AayxY/)

案例:

如果问全球哪家公司从大数据中发掘出了最大价值?答案非亚马逊莫属。亚马逊 CTO Werner Vogels 在 CeBIT 上关于大数据的演讲,向与会者描述了亚马逊在大数据时代的商业蓝图。长期以来,亚马逊一直通过大数据分析尝试定位客户和获取客户反馈。"在此过程中,你会发现数据越大,结果越好。为什么有的企业在商业上不断犯错?那是因为它们没有足够的数据给运营和决策提供支持。"Vogels 说,"一旦进入大数据的世界,企业的手中将握有无限可能。"从支撑新兴技术企业的基础设施到消费内容的移动设备,亚马逊的触角已触及更为广阔的领域。

第1章 电子商务数据分析的基础

事实上，全球各大行业巨头都表示进驻"开放数据"蓝海。

- 以沃尔玛为例，该公司已经拥有两千多万亿字节数据，相当于200多个美国国会图书馆的藏书总量。这其中很大一部分是客户信息和消费记录。通过数据分析，企业可以掌握客户的消费习惯、优化现金和库存，并扩大销量，数据已经成为各行各业商业决策的重要基础。
- 世界工厂网，就设有排名榜的数据分析，通过分析用户在世界工厂网的搜索习惯及搜索记录，免费提供了产品排行榜、求购排行榜和企业排行榜。

从各方对待一个事物的态度与投资动向，我们能很轻易地了解到这一事物的重要程度。从以上的事例可以看出，数据分析对于各行各业都非常重要，尤其是对于电子商务行业。

第3节 电商数据分析的方法和流程

电子商务网站涉及的数据非常广泛，以B2C网站为例，数据分析的流程如图1-3-1所示。

图1-3-1　B2C网站的数据分析流程

学习之前，先了解核心词汇"关键数据"

每个B2C电子商务网站的定位和客户不同，运营的情况也千差万别，考察用户访问、内容浏览和商业行为的关键数据，就能够判断网站运营的基本状况。

① **独立用户访问量**：就是常说到的UV，即有多少台计算机在24小时内访问网站（UV和IP并不等同）。

② **积极访问者比率**：如果你的网站针对正确的目标受众并且网站使用方便，你可以看到这个指标应该是不断上升的。

7

③ **忠实访问者比率**：每个长时间访问者的平均访问页数，这是一个重要的指标，它结合了页数和时间。

④ **客户转化率**：转化率指在一个统计周期内，完成转化行为的次数占推广信息总点击次数的比率。转化率是网站最终能否盈利的核心，提升网站转化率是网站综合运营实力的结果。

⑤ **客单价**：每一个顾客平均购买商品的金额，即平均交易金额。

⑥ **客户满意度**：客户期望值与客户体验的匹配程度。换言之，就是客户通过对一种产品可感知的效果与其期望值相比较后得出的指数。

⑦ **用户回访率**：衡量网站内容对访问者的吸引程度和网站的实用性，网站是否有令人感兴趣的内容使访问者再次访问。

⑧ **投资回报率**：用来衡量营销费用的投资回报，把钱分配给有最高回报率的营销方式。

3.1 收集数据

在做网站数据分析之前，首先需要收集和获取数据，尽量获得完整、真实、准确的数据，做好数据的预处理工作，以便于量化分析工作的开展。

1. **网站后台的数据**

① 网站用户数据（注册时间、用户性别、所属地域、来访次数、停留时间等）。

② 订单数据（下单时间、订单数量、商品品类、订单金额、订购频次等）。

③ 反馈数据（客户评价、退货换货、客户投诉等）。

2. **搜索引擎的数据**

① 网站在各个搜索引擎的收录量（site）。

② 网站在搜索引擎的更新频率。

③ 关键词在搜索引擎的竞价排名情况。

④ 网站取得的搜索引擎信任的权重（谷歌有 PR 值、搜狗有 SR）等。

第 1 章 电子商务数据分析的基础

3. 统计工具的数据

网站统计工具很多,基本都会提供访客来自哪些地域、访客来自哪些网站、访客来自哪些搜索词、访客浏览了哪些页面等数据信息,并且会根据需要进行广告跟踪等。

4. 调查问卷收集的数据

调查问卷是最常用的一种数据收集方法,以问题的形式收集用户的需求信息。设计问卷,是询问调查的关键。问卷要能将问题传达给被问者和使被问者乐于回答,因此,问卷设计时应当遵循一定的原则和程序,运用一定的技巧。

在网络时代,与传统的调查问卷相比,在设计、收集、统计上都发生了相应的改进,通常称为网络问卷调查,或网络调查法。

3.2 量化分析

分析不只是对数据的简单统计描述,而是在数据中发现问题的本质,然后针对确定的主题进行归纳和总结。常用的分析方法有以下几种:

(1)趋势分析:将实际达到的结果,与不同时期报表中同类指标的历史数据进行比较,从而确定变化趋势和变化规律的一种分析方法。具体的分析方法包括定比和环比两种方法。定比是以某一时期为基数,其他各期均与该期的基数进行比较;而环比是分别以上一时期为基数,下一时期与上一时期的基数进行比较。

(2)对比分析:把两个相互联系的指标数据进行比较,从数量上展示和说明研究对象规模的大小、水平的高低、速度的快慢,以及各种关系是否协调。在对比分析中,选择合适的对比标准是十分关键的步骤,选择合适,才能做出客观的评价,反之可能得出错误的结论。

(3)关联分析:如果两个或多个事物之间存在一定的关联,那么其中一个事物就能够通过其他事物进行预测;它的目的是为了挖掘隐藏在数据间的相互关系。

(4)因果分析:因果分析是为了确定引起某一现象变化原因的分析,主要解决"为什么"的问题;因果分析就是在研究对象的先行情况中,把作为它的原因的现象与其他非原因的现象区别开来,或者是在研究对象的后行情况中,把作为它的结果的现象与其他的现象区别开来。

3.3 提出方案

将数据量化分析的结果进行汇总、诊断,并提出最后的解决方案。

(1)评估描述:对评估情况进行客观描述,用数据支持自己的观点。

(2)编制统计图表:运用柱状图和条形图对基本情况进行更清晰的描述;运用散点图和折线图表现数据间的因果关系。

(3)提出观点:根据现实情况的数据分析,提出自己的观点,预判网站的发展趋势,给出具体的建议性的改进措施。

(4)演示文档:基于以上三点进行归纳总结,列出条目,制作一份详细的演示文档,能够演示和讲解给部门领导。

3.4 优化改进

根据改进措施的实施,及时了解运营数据相应的变化,不断优化和改进,不仅仅要治标,而且要治本,使同类的问题不再出现;持续的监控和反馈,不断寻找能从最根本上解决问题的最优方案。

数据分析是一项长期工作,同时也是一个循序渐进的过程,需要网络运营人员实时监测网站运行情况,及时发现问题、分析问题并解决问题,这样才能使电子商务网站健康、持续地发展。

第4节 电商数据分析岗位的职业规划

4.1 职业前景

工资高:据统计,2014年80%的就业者月薪在8000元以上,平均每年工资涨幅超过50%。

晋升快:1年晋升主管,2年晋升经理,3年晋升核心管理团队。

第 1 章 电子商务数据分析的基础

前景好：中国最火的 TMT[1] 行业，数据将成为企业的核心竞争力，是 21 世纪最"性感"的工作。

缺口大：每年新增市场缺口 50 万人，传统企业"触电"的需要，75%的高校新增数据类专业。

4.2 职业素养及成长阶段建议指南

数据分析的岗位大体分为 3 个级别，具体内容如下。

1．初级分析师

企业需求：初级分析师是数据架构的基础，承担了数据工作中大多数最基础的工作，通常初级分析师的人员比例不应超过 20%。

职能定位：初级分析师的定位是数据整理、数据统计和基本数据输出工作，服务的对象包括中、高级分析师和业务方等。

职业要求：

- 数据工具要求。基本的 Excel 操作能力和 SQL 取数能力；基本数据输出能力，包括 PPT、邮件、Word 等软件的使用能力。
- 数据知识。对日常数据体系内涉及的维度、指标、模型的理解。
- 业务知识。对基本业务知识的理解，能把业务场景和业务需求用数据转换和表达出来。

2．中级分析师

企业需求：中级分析师是数据人员架构中的主干，承担着公司中的专项数据分析工作，通常人员比例为 40%~60%。

职能定位：中级分析师的定位是数据价值挖掘、提炼和数据沟通落地，服务的对象主要是业务方，除此之外，还可能参与高级分析师的大型项目并独立承担其中的某个环节。

---

1 TMT（Technology,Media,Telecom），指科技、媒体和通信。

11

职业要求：

- 数据工具。熟练使用数据挖掘工具、网站分析工具。
- 数据知识。了解不同算法和模型的差异及最佳实践场景，根据工作需求应用最佳实践方案。
- 业务知识。对业务知识的深度理解，有较强的数据解读和应用推动能力。

3. 高级分析师

企业需求： 高级分析师及以上职位通常是数据人力架构中的火车头，承担着企业数据方向的领导职能，人员比例为20%~40%。

职能定位： 高级分析师的定位是企业数据工作方向规则体系建设、流程建设、制度建设等，服务对象通常是业务及企业领导层。

职业要求：

- 能搭建起企业数据体系，并根据企业发展阶段提出适合当前需求的数据职能和技术架构方案。
- 规划出所负责领域内数据工作方向、内容、排期、投入、产出等，并做投入产出分析和数据风险管理。
- 实时跟进项目进度和落地，并通过会议、汇报、总结、阶段性目标、KPI等形式做好过程控制和结果控制。

面向技术类的数据管理职业岗位如下。

1) 数据工程师

定位： 数据仓库开发、数据库实施，为分析应用及分析系统开发等提供技术支持。

应用技术：

- Oracle、DB2、MySQL、SQL、Linux。
- Java、Python、R、XML、JSON。
- Hadoop、Radis、HBase、ZooKeeper。

任务：

- 掌握数据存储技术的基本概念、原理、方法和技术。
- 了解数据应用系统的生命周期及其设计、开发过程。

第 1 章 电子商务数据分析的基础

- 理解数据分析基本的业务知识、业务场景并开发实施。

2）算法工程师

定位：针对特定的数据分析业务需求，提供最合适的算法进行数据计算。

应用技术：

- SPSS、Clementine/SAS、EM。
- 回归模型、决策树、协同过滤、聚类算法。
- Mahout、机器学习、自然语言处理。

任务：

- 根据自己对行业及公司业务的了解，独自承担复杂的分析任务，并形成分析报告。
- 相关分析方向包括：用户行为分析、广告点击分析、业务逻辑相关及竞争环境相关。
- 根据业务逻辑变化，设计相应分析模型并支持业务分析工作开展。

3）架构师

定位：将数据需求转换为规范的开发计划及文本，并制定项目的总体架构，指导整个开发团队完成需求。

应用技术：

- 面向对象分析、设计、开发能力，大型数据库、分布式数据库、内存数据库。
- 各种开发语言并了解其中的优劣、各处算法及其用处。
- EJB 设计模式、J2EE 构架、UDDI、软件设计模式。
- PPT、PowerDesigner、MindManager、Visio。

任务：

- 提供技术支持，在关键时刻攻克最艰巨的技术壁垒。
- 精通业务需求，提出架构方案并搭建技术体系。
- 转化业务需求为技术需求，并确定最终技术架构方案。
- 主导系统全局分析设计和实施、负责软件构架和关键技术，并协助核心技术开发。

第5节 电商数据分析体系的架构

5.1 企业数据相关的架构及职能

1．一般职能

营销：核心是品牌、流量，包含 SEM、AD、联盟、新媒体、EDM、SEO 等。

运营：核心是日常（网站）运维管理，包括网站、商品、资源位、内部活动管理，甚至包括会员、采销、物流等。

采购：核心是商品采购，一般以品类划分。

销售：核心是商品销售，一般以品类划分，有时与采购合并。

物流：核心是物流配送，主要是商品进、销。

仓储：核心是商品库存管理，仓储通常与物流合并成进销存体系。

客服：核心是客户服务和维系，包括客户维系、咨询、服务、关怀。

2．系统运维

- 核心：维护数据系统，保证数据系统正常运行。
- 维护流量系统，保证系统正确部署、实施和数据收集。
- 提供系统部署方案，配合技术方案实施和测试。
- 提供系统后台和数据报表配置，制订日常发送计划。
- 系统部署和配置，保证数据正确输出。

3．数据架构

- 核心：数据系统架构规划，数据标准和规范化。
- 大数据体系规划，支撑大数据集成、建模、挖掘和产品体系。
- 负责构建公司元数据管理系统和数据质量管理体系。
- 模型的定义和数据标准的定义（词汇、术语、主题域、接口等）。
- 重大数据项目评估和审核。

第 1 章 电子商务数据分析的基础

4．数据管理

- 核心：数据的存储维护，保证数据的安全性、可用性。
- 数据仓库维护和管理，包括安装、配置、迁移、升级、备份。
- 数据库性能优化、应急处理，建立数据管理体系和工作机制。
- 数据仓库开发，构建数据集市和数据底层架构。
- 数据校验、数据权限管理、日常数据输出。

5．数据产品

- 核心：数据产品开发和应用支持。
- 梳理数据产品需求，优化报表和规划新报表及数据产品。
- 根据产品需求，协调开发资源，保障项目按时上线。
- 协助数据分析和挖掘部门，进行数据模型产品化输出。
- 在大数据基础上商业智能实现逻辑规划，辅助技术开发和测试。

6．数据分析

- 核心：业务方向数据分析支持。
- 业务活动效果评估，如渠道画像、会员活跃度。
- 业务活动异常分析支持，如异常订单、恶意流量、恶意点击。
- 业务效果标杆管理与预警机制，如流量预测、库存预测。
- 业务内在价值挖掘与提炼，如渠道订单归因、用户生命周期。
- 业务活动规则支持与辅助决策，如营销活动人群规则、广告定向。

7．数据挖掘

- 核心：面向产品的挖掘规则及部分业务支持。
- 负责 BI 实施中的数据挖掘模块算法研究，模型建立和优化。
- 负责数据挖掘模型建立与维护，如关联模型、决策规则模型。
- 负责个性化推荐模块算法研究及推荐效果优化。
- 负责大数据下传统机器学习算法的并行化实现及应用，提出改进方法及思路。

8．市场战略

- 核心：提高对行业和竞争对手的认知，增加对公司战略的支持。
- 根据公司战略方向，制定中长期发展规划。

- 根据公司规划，协助各中心制定战略研究规划并进行课题跟踪。
- 搜集行业信息，捕捉行业发展新机会，为高层提供战略建议。
- 建立竞争对手档案库，全面把控竞争对手动态。
- 把握用户脉搏，掌控用户新需求、新想法、新途径等信息。

5.2 企业数据业务工作流程

电商企业数据业务工作流程如图 1-5-1 所示。

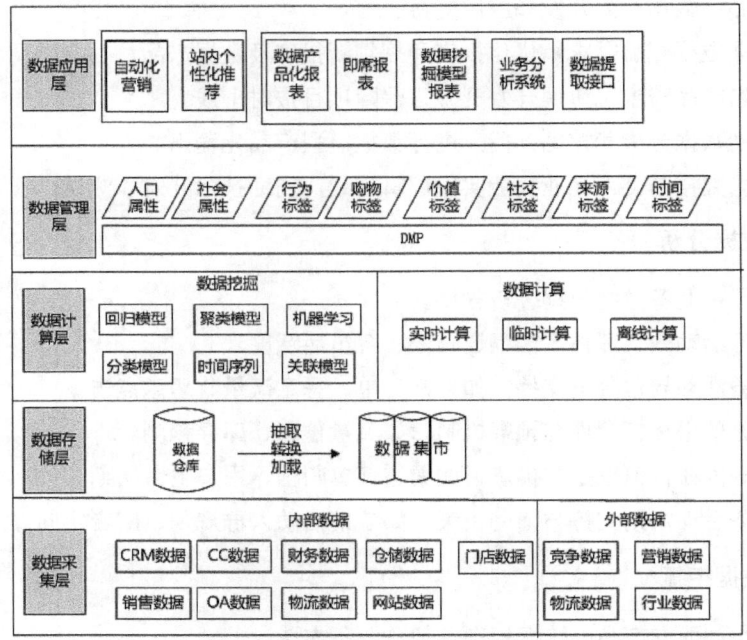

图 1-5-1　数据分析业务工作流程

1. 数据采集

- 企业内部数据采集来源于各个业务生产系统，包括 CRM 数据、CC（呼叫中心）数据、财务数据、仓储数据、门店数据、销售数据、OA 数据、物流数据、网站数据。
- 企业外部数据是指数据由企业外部产生，企业通过合作、购买、采集等形式获得。企业外部数据通常包括竞争数据、营销数据、物流数据、行业数据等。

2．数据存储

- 数据存储层是在数据源的基础上，通过 ETL 进行数据整合，形成供上层计算或业务使用的数据仓库及数据集市。
- 数据仓库面向业务决策或上层数据应用，是一个面向主题的、集成的、相对稳定的、反映历史数据变化的数据集合。

3．数据计算

- 数据挖掘按照不同的实现结果方向可分为回归模型、聚类模型、关联模型、时间序列、分类模型和机器学习等。
- 数据计算按照计算结果输出的时间性可分为实时计算和离线计算，部分企业还会在实时计算和离线计算之间加入临时计算。
- 数据计算模块对于大多数中小企业来说没有必要单独拆分，原因是在较小的数据体量和应用需求下，完全可以通过数据实时计算获得结果。数据计算模块只对大中型企业或具备海量数据处理需求的企业有存在意义。

4．数据管理

- 数据管理层是介于数据和应用之间的介质和桥梁，通常上层自动应用或产品化的所需数据直接由数据计算层调用。对大多数企业而言，数据管理层的功能定位是用户和数据管理。
- 数据管理层通过数据管理平台 DMP（Data Manage Platform）实现，但现在大多数的 DMP 产品仍集中应用在底层数据整合和抽取等工作上，尚未上升到管理数据层面。

5．数据应用

- 辅助决策应用是目前数据发挥价值的主流方式，包括自动化营销、站内个性化推荐、数据产品化报表等。
- 数据驱动需要借助技术手段实现，通常是建立在数据事件触发或数据结果触发基础上的自动化运行机制。常见的数据驱动项目包括 RTB、个性化 EDM、站内个性化推荐、个性化着陆页、网站智能运营、基于用户事件或时间的维系触发等。

本章练习题

一、是非题

1. 客户转化率是网站最终能否盈利的核心,提升网站转化率是网站综合运营实力的结果。 （ ）

2. 调查问卷主要以问题的形式收集用户的需求信息,是唯一的数据收集方法。 （ ）

3. 在电商行业市场营销工作中,无论是产品、渠道、价格还是顾客,每项工作都与大数据的采集和分析息息相关。 （ ）

二、不定项选择题

1. 电商数据分析的最终目的是（ ）。

   A. 销售数据的收集和提炼　　　　B. 帮助管理者进行判断和决策

   C. 分析顾客的购买行为　　　　　D. 订单数据的信息化

2. 常用的电商数据量化分析方法为（ ）。

   A. 趋势分析　　B. 对比分析　　C. 关联分析　　D. 因果分析

3. 下面有关"独立用户访问量"的说法正确的是（ ）。

   A. 独立用户访问量就是常说到的 UV

   B. 独立用户访问量指有多少台电脑在 1 个月内访问网站

   C. 独立用户访问量和 IP 等同

   D. 独立用户访问量越高,客户转化率一定越高

三、问答题

1. 进行电商网站数据分析,需要收集和获取数据,请具体谈谈应该准备哪些数据?

2. 如果你是高级数据分析师,应该怎样进行职业定位?

第 2 章

电商数据分析岗位必备的技能

```
电商数据分析岗位必备的技能
├── 电商数据分析的业务指标 —— 本部分从营销数据、客服数据、会员数据、商品数据及仓储数据等方面反映电子商务数据分析的业务指标。
└── 常用的电商数据分析方法 —— 常用的电商数据分析方法包括：流量来源分析、流量效率分析、站内数据流分析、网购用户行为特征分析、网店经营数据分析。
```

第1节 电商数据分析的业务指标

电商数据分析的业务指标主要包括以下部分。

1. 营销

营销类分析主要包括的指标为:曝光量、点击量、点击率、CPM、CPD、CPC、CPA、每订单成本、每有效订单成本、ROI。

1)曝光量

曝光量指广告在站外对用户展示的次数,广告曝光量又称广告展示量。

从技术上看,广告曝光量即跟踪代码被加载的次数。

广告曝光并不意味着广告一定会被用户看到,而是意味着广告被加载并展示出来,广告位置(首屏还是底部)、广告素材、广告形式及广告周边因素等因素都会影响到用户的注意力。

2)点击量

点击量指站外广告被用户点击的次数,每点击一次就记录一次。

某些广告系统会过滤无效点击,只保留系统认为的"正常点击"数据。

站外广告监测系统与网站分析工具监测到的广告点击量通常不一致:原因除了上述无效点击过滤外,还包括用户点击后到达的遗漏监测、系统监测和判断逻辑、数据定义规则、数据发送丢失等因素。

3)点击率

点击率也称点击通过率,用 CTR 表示。

$$点击率 = 点击量/曝光量$$

点击率是衡量站外广告效果的重要指标,反映用户对当前广告的喜好程度及所投放的媒介用户质量与投放广告的匹配度。

通常,点击率越高越好,但过高的点击率可能也意味着点击作弊。

第 2 章 电商数据分析岗位必备的技能

4）CPM

CPM 即 Cost Per Mille，每千人成本。CPM 是广告典型的付费方式之一，按照每千次展现付费。

如一个广告展现了 10000 次，约定 CPM 为 30 元，那么对于该广告应该付费 300 元。

5）CPD

CPD 即 Cost Per Day，按天展示成本。

CPD 是传统广告媒介（尤其是门户广告）普遍采用的费用结算方式，只根据展示的天数付费，对于期间任何广告效果（如展示、点击、目标转化等）不作任何承诺。

与 CPD 类似的还有按周、月、季度付费购买，付费逻辑相同，都是根据固定时间周期付费。

6）CPC

CPC 即 Cost Per Click，每次点击成本。CPC 广告是部分展示类广告、SEM 广告的主流投放形式，企业只需要按照点击的次数付费即可。

衍生指标：UV 成本、每次访问成本。

7）CPA

CPA 即 Cost Per Action，每次行动付费。通常会将行动定义为网站特定的转化目标，如下载、试用、填写表单、观看视频等，然后按照转化目标的数量付费。

8）每订单成本

每订单成本指完成每个订单所需要的成本。公式为：

$$每订单成本 = 费用/订单量$$

不同部门有不同的费用支出情况，比如：针对广告部门的费用通常只包含广告费用；对于运营类部门的费用可能只包含促销类费用。

注意：广告中的特殊成本结算方式——CPS。

9）每有效订单成本

每有效订单成本与每订单成本计算逻辑相似，不同点在于该指标只计算所有订单

21

中有效订单的部分。计算公式为：

$$每有效订单成本=费用/有效订单量$$

该指标中仅包含有效订单状态的订单成本，是针对企业级别的真实评估指标。

10）ROI

ROI 即投资回报率，指投入费用所能带来的收益比例。计算公式有两种：

$$ROI=利润/费用$$

$$ROI=成交金额/费用$$

在大多数电商企业中，ROI 计算使用第二种公式，原因是电商企业的利润大多为负数，因此 ROI 更多评估的是每单位费用带来的销售额。

2．客服

客服类主要包括的指标为：总呼叫量、接通率、呼叫放弃率、平均排队时间、平均响铃次数、平均处理时间、一次性问题解决率、监听合格率、呼出量、呼叫满意度、其他客服指标。

1）总呼叫量

总呼叫量指所有打入呼叫中心的电话数量，包括受到阻塞的、中途放弃的和已经答复的电话。

总呼叫量是客服中心工作规模的重要评估指标。

2）接通率

接通率用来衡量电话接通情况，包含呼入接通率和呼出接通率两种情况。

$$呼入接通率=(IVR 接通量+人工接通量)/总呼入电话量$$

$$呼出接通率= 呼出成功接通量/总呼出电话量$$

3）呼叫放弃率

呼叫放弃率指的是呼叫业务已经被接通到呼叫中心，但又被呼叫者在接通之前主动挂断电话的比例。计算公式为：

$$呼叫放弃率=放弃电话次数/全部接通电话的次数$$

第 2 章 电商数据分析岗位必备的技能

4）平均排队时间

平均排队时间是指呼叫者被呼叫系统（如 ACD，Automatic Call Distributor，自动呼叫分配设备，也叫智能选择座席）列入名单后等待人工座席回答的平均等待时长。

5）平均响铃次数

响铃次数指呼叫者听到回话之前电话铃振响的次数，该响铃由客服代表或 IVR 产生。平均响铃次数是平均每个呼叫者接通之前的响铃次数。

6）平均处理时间

平均处理时间指座席处理与呼入者的谈话时间、持线时间及事后处理与电话相关工作内容的平均时间。计算公式为：

$$平均处理时间=总处理时间/接通电话量$$

7）一次性问题解决率

一次性问题解决率指呼叫者当次接通电话后即解决问题的比例，不需要呼入者再次拨入呼叫中心，也不需要座席员将电话回拨或转接。计算公式为：

$$一次性问题解决率=一次性问题解决电话量/总呼叫电话总量$$

8）监听合格率

监听合格率指通过监控、电话录音等手段抽查座席的服务质量的合格率，不同企业对于"合格"的定义不同。

9）呼出量

呼出量指座席一定时间（如每天、每周、每月等）内呼出的电话量。呼出电话量通常是针对呼出项目制定的 KPI，目的可能包括会员维护、问题解决、产品推销、活动介绍等。

衍生指标：成功呼出量（常见的"成功"定义包括：电话接通、通话时间超过 30 秒、业务预定、参与活动、完成订购等）、呼出成功率。

10）呼叫满意度

呼叫满意度是指呼入者对呼叫中心提供服务的满意程度，不同企业对于满意度的评价方式不同。如果呼叫满意度打分只有满意和不满意，那么满意度结果是一个比例，即满意呼叫占比，计算公式为：

呼叫满意度=满意电话量/总电话量

3. 会员

会员类分析主要包括的指标为：注册会员数、购买会员数、活跃会员数、可营销会员数、会员激活率、老会员数、新会员数、复购率、流失会员数、会员异动比。

1）注册会员数

注册会员数指在网站上注册过的会员数量，总注册会员数反映了网站所覆盖的整体会员规模。

注意：该指标只能反映网站目前会员的注册数量，无法评估质量。

延伸指标：新增会员数、累计新增会员数等。

2）购买会员数

购买会员也叫购物会员，指在网站买过东西的会员。总购买会员数反映了网站具有购买记录和消费历史的会员规模。

购买会员某些时间也被称为活跃会员。

不同网站对"购买"的订义也不相同，如下单即算购买、妥投才算购买（大多数选择后者）。

延伸指标：购买会员占比、累计购买会员数。

3）活跃会员数

活跃会员数是用来评价当前会员的活跃度情况的指标，通常以会员动作或关键指标作为会员是否活跃的标志（如是否登录）。常见的活跃度评估权重或因素包括：

注册、登录、EMAIL 验证/手机验证/支付密码验证、升级会员、使用积分、使用优惠券、订阅信息、访问页面、搜索、查看商品、页面咨询、收藏商品、商品比价、到货通知、页面纠错、加入购物车、在线下单、取消订单、换货订单、退货订单、订单完成、参与活动、商品评价。

延伸指标：会员活跃度、活跃会员占比。

4）可营销会员数

可营销会员数是指整体会员中可通过一定方式进行会员营销以满足企业特定需求的会员数量。

第2章 电商数据分析岗位必备的技能

会员可营销的方式可能包括：手机号、邮箱、QQ、微信等具有可识别并可接触的信息点，具备这些信息中的任何一种便形成可营销会员。

延伸指标：可营销会员占比。

5）会员激活率

会员激活率是指注册会员中已经完成激活的会员比例，计算公式为：

$$会员激活率=激活会员量/注册会员量$$

会员激活率用来评估会员注册后激活的占比情况，是会员注册质量评估的重要指标之一。

6）老会员数

老会员指购买2次或2次以上的会员，老会员也被称为复购会员（重复购买的会员）。

老会员数是企业产生销售的最重要保证，数量越高、规则越大，企业的销售规则越大。

数据经验：80%的销售额由20%的老客户产生。

7）新会员数

新会员通常指第一次购买的客户，但有些公司也会加入时间限制，如当月内新产生的购物会员都算作新会员（不论购买几次）。

发展新会员是企业拓展营销规模和快速发展的重要方法，新会员占比是企业快速发展时期的重要指标。

8）复购率

复购率指一定周期内购买2次或2次以上的会员比例。复购根据时间区间不同，可分为周、月、季、年度复购率。以月度复购率举例，有以下几种定义方法：

- 1个月内购买2次或2次以上的会员。
- 1个月之前有购买行为，1个月之内又有购买行为的会员。
- 以上两种条件取并集。

复购率是评估会员质量和商品销售最重要的指标之一。

9）流失会员数

流失会员数指不再购买企业相关业务或商品的会员数量。会员流失率指流失的会员数量与总购买会员数量的比例。计算公式为：

$$会员流失率=流失会员数/总购买会员数$$

预防会员流失是企业经营和管理中的重要工作，该指标是评估会员管理工作的重要指标之一。

10）会员异动比

会员异动比指新增会员数量与流失会员数量的比例，公式为：

$$会员异动比=新增会员数/流失会员数$$

如果比值大于1，说明会员新增规模大于流失规模，企业处于向上发展时期；如果比值小于1，说明会员流失过快，如不尽快改善，企业会员将会流失殆尽。

4. 商品

商品类分析主要包括的指标为：订单量、订单金额、每订单金额、商品销售量、支付转化率、有效订单指标、订单有效率、销售任务、SKU数、商品毛利、店铺佣金、GMV。

1）订单量

订单量指用户提交订单的数量。通常情况下，网站分析系统提供的订单销售数据与企业内部销售系统数据不一致。数据出现一定程度的误差属于正常情况，但误差比例不宜超过5%且误差需要相对稳定。

2）订单金额

订单金额为用户提交订单时的金额，又称为应付金额。计算公式为：

$$订单金额=商品销售金额+运费-优惠凭证金额-其他折扣（如满减）$$

订单金额与商品销售金额的差异：

$$商品销售金额=单价×数量$$

3）每订单金额

每订单金额也叫作平均订单价格、平均订单金额。计算公式为：

$$每订单金额=订单金额/订单量$$

另外，一种企业内常见的错误是称其为客单价，每订单金额的计算公式为：

$$每订单金额=订单金额/客户量$$

其他类似指标：件单价。

4）商品销售量

商品销售量又叫作商品销量、商品销售件数。

举例：网站中某个用户在一次访问内下了 2 个订单，其中一个订单包含 2 个商品，另一个订单包含 1 个商品，那么：

用户数（访问数）为 1；

总订单量为 2；

总商品销售量为 3。

5）支付转化率

支付转化率是衡量用户支付转化的数据指标，是用户完成购物的重要步骤。计算公式为：

$$支付转化率=完成支付的客户数/需要支付的客户数$$

注意：支付转化率无法及时评估货到付款的订单，因此通常只针对在线支付。

6）有效订单指标

有效状态下的订单数量为有效订单量，该指标仅包含订单中的有效部分。不同公司对"有效"的定义不同，常见的"有效"指去除作废、取消、未支付、审核未通过的订单。

有效订单有时与妥投订单类似。

常见有效订单指标有：有效订单量、有效订单金额、有效每订单价值、有效订单转化率等。

7）订单有效率

订单有效率是用来衡量订单有效比例的重要指标。公式为：

$$订单有效率=有效订单量/总订单量$$

与之相对的概念是"废单率"，废单率是指所有订单中作废的订单比例，计算公式为：

$$废单率=1-订单有效率$$

数据经验：订单有效率从下单后开始随着时间下降，直到所有订单完成妥投。大多数电商企业的订单有效率在60%以上，如果太低则可能包含大量作弊、支付问题、订单规则问题等。

8）销售任务

销售任务是指企业给销售部门制订的目标销售任务，任务可能是销售额、订单金额、销售量，甚至是毛利等。

销售任务通常包含年度、月度、周度和每日销售任务四类。

9）SKU 数

SKU（Stock Keeping Unit），即库存量单位。

每款商品都有一个 SKU；同一种商品的不同颜色、款式、尺码等会对应多个 SKU。

常见 SKU 类指标有：上架 SKU 数、被浏览 SKU 数、售卖 SKU 数、妥投 SKU 数。

10）商品毛利

商品毛利是电子商务中自营商品最重要的效果指标之一。毛利是商品利润情况的最重要指标，计算公式为：

$$毛利=商品妥投销售额-商品批次进货成本$$
$$毛利率=毛利/商品妥投销售额$$

11）店铺佣金

佣金是平台类电商或电商平台业务的主要盈利点之一。佣金额指的是平台从商家交易额中抽取的提成金额。

佣金比例是指佣金占成交额的比例，公式为：

$$佣金比例=佣金/成交总额$$

12）GMV

GMV（Gross Merchandise Volume），即成交总额。GMV 规模决定了最终佣金规

模的大小，平台类电商业非常关注该指标。

另外，具备一定规模的 GMV 配合资金周转周期，可使企业在一定时间内拥有一定相对固定的资金，这些资金可以用来做其他业务投资，因此 GMV 是平台类业务最重要的指标之一。

5．仓储

仓储类分析主要包括的指标为：仓库吞吐指标、仓库容量指标、库存金额、库存可用天数、库存量、库龄、滞销金额、缺货率、残次数量、库存周转率、库存周转天数、仓储利用率。

1）仓库吞吐指标

仓库吞吐指标用来衡量仓储的吞吐能力，包括入库量、出库量、直拨量、吞吐量和出/入库差错率。

直拨量：部分情况下，商品可能未经过仓库直接由上游厂商直接调拨给用户，这算是直拨量。

2）仓库容量指标

仓库容量指标反映了仓库可以容纳商品库存的能力，评估指标是仓库数量和仓储容量。

仓库容量是库存能力的重要评估标准，包括仓库面积和仓库体积两个方面。在同等仓库数量的前提下，仓库可用面积或体积越大，库存能力越高。所有仓库容量（面积或体积）相加可得到企业整体仓库容量。

3）库存金额

库存金额是全部库存产品按入库成本价格计算的总金额。计算公式为：

$$平均库存金额=(期初库存金额+期末库存金额)/2$$

举例：月初库存金额为 2000 万元，月末库存金额为 2200 万元，则平均库存金额为 2100 万元。

衍生指标：平均库存金额。

4）库存可用天数

库存可用天数反映了当前库存可以满足供应的天数，是仓库备货能力的一个体现。计算公式为：

$$库存可用天数=库存商品数量/期内每日商品销售数量$$

库存可用天数越长，代表可用时间越多，但过长的可用天数可能意味着商品滞销，过短则可能造成断货，因此库存可用天数需要保持在一定范围内。

5）库存量

库存量指一定周期内全部库存商品的数量。库存量的定义中包括多种状态的商品，如正常可售卖商品、已被订购但未发货商品、残次商品、调拨未出库商品、调拨未入库商品等。因此，在某些情况下会出现商品有库存但无法销售的情况。

企业通常会定义安全库存量、最低库存量和最高库存量，目的是保证商品在一定程度上可以满足用户的购买需求，同时不至于造成商品积压。

6）库龄

仓储中的商品从进入仓库开始就产生库龄，一般意义上的库龄指的是商品库存时间。库龄的计算公式为：

$$库龄=出库时间-入库时间$$

仓储系统中按照先进先出、先进先销的原则出库，因此同一个商品的库龄要按照其相应进货批次的时间计算。

7）滞销金额

滞销是指商品周转天数超过其应该售卖的周期，导致无法销售出去的情况。

滞销一方面会造成资金积压，影响资金流动；另一方面会造成产品过季、过保质期或淘汰周期而导致产品损毁或下市。

滞销金额可以衍生出滞销金额占比、滞销SKU占比、滞销商品销量占比等指标，各指标计算逻辑类似。以滞销金额占比为例，计算公式为：

$$滞销金额占比=滞销金额/库存金额$$

8）缺货率

缺货是相对于滞销的另一个极端，缺货意味着库存商品无法满足用户的购买需求。缺货率计算公式为：

$$缺货率=缺货商品数量/顾客订货数量$$

缺货率同样可以衍生出其他指标定义：

$$缺货金额=缺货商品数量×缺货商品单价$$

$$缺货商品数量=顾客订货数量-库存商品数量$$

9）残次数量

残次指的是由于商品库存、搬运、装卸、物流、销售等主、客观原因造成的商品外包装损坏、产品损坏、附件丢失等影响商品二次销售的情况。残次数量指残次商品的数量。

10）库存周转率

库存周转率又称库存周转次数，是商品销售出库数量与库存商品平均数量的比率，是仓储物流业务最关注的指标之一。库存周转率的计算公式为：

$$库存周转率=销货数量/[(期初商品库存数量+期末商品库存数量)/2]$$

$$库存周转率=销货成本/[(期初商品库存金额+期末商品库存金额)/2]$$

注意：第2个公式为业务数据而非财务数据，更适合做实时反馈。

11）库存周转天数

库存周转天数是用时间表示库存的周转速度，计算公式为：

$$库存周转天数=360/库存周转率$$

12）仓储利用率

仓储利用率用来反映仓库被有效利用的情况，包括面积利用率和容积利用率，计算公式为：

$$仓库面积利用率=仓库实际使用面积/仓库可用面积$$

$$仓库容积利用率=仓库实际使用容积/仓库可用容积$$

注意：在使用过程中，部分企业将"建筑面积"与"可用面积"混淆。建筑面积是仓库长和宽的乘积，指的是包括所有材料和物体在内的总面积；而可用面积在建筑面积的基础上去掉围墙、立柱、走廊等不可使用的部分。仓库容积计算量原理类似，实际上业务中很难达到100%的利用率。

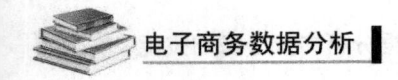

6．物流配送

物流配送类分析主要包括的指标为：配送业务量、满载率、配送满足率、配送准确率等。

1）配送业务量

配送业务量是指企业根据用户的订单需求，对商品进行拣选、包装、出库、配送等作业，并按时送达指定地点的货物数量，包括区域配送和同城配送。

2）满载率

满载率用来衡量每次物流运输车辆满载情况，是合理安排运力的重要依据之一，计算公式为：

$$满载率=车辆实际载重量/车辆额定载重量$$

在不超载的情况下，车辆的满载率应在0～1。越接近于1，车辆的利用率越高。

衍生指标：空载率。

3）配送满足率

配送满足率指实际可用配送资源与配送需求的比例，计算公式为：

$$配送满足率=实际可配送订单量/需求配送订单量$$

正常情况下，企业配送资源可满足订单配送需求；只在发生特殊情况（如大型促销活动）时，才可能由于订单激增而产生无法配送的订单。

4）配送准确率

配送准确率指准确配送订单的比例，计算公式为：

$$配送准确率=准确配送的订单量/总配送订单量$$

7．网站运营

网站运营类分析主要包括的指标为：到达率、UV、Visit、PV、新访问占比、访问深度、停留时间、跳出率、退出率、实例数、产品页转化率、加入购物车转化率、结算转化率、订单转化率、购物车内转化率、目标转化率、其他网站成本指标、其他网站收益指标。

第 2 章 电商数据分析岗位必备的技能

1）到达率

到达率用来反映用户从站外到达网站的情况，技术上的定义为用户从带有站外标记的链接点击进入网站后，触发站内跟踪代码的次数。因此，到达数据仅发生在针对站外标记广告的落地页。

到达率用来衡量站外流量到达网站的比例，计算公式为：

$$到达率 = 到达量 / 点击量$$

经验数据：广告类到达率较低，平均为 50%～80%；SEM 类到达率较高，在 80%以上。

2）UV

UV（Unique Visitor），又称独立访客。UV 根据定义时间的不同可分为每小时 UV、每日 UV、每周 UV、每月 UV 等。

UV 是衡量用户"人数"的重要指标，反映了来到网站的用户"数量"。

UV 定义只与时间有关，与其他任何行为都没有关系。

3）Visit

Visit，访问量或访问次数。如何定义一次新访问：

时间：间断时间 30 分钟、连续持续时间一天（午夜 12 点）。

特定类型来源：AdWords 自动标记、UTM 标记。

Visit 是衡量次数的重要指标，反映了有多少"人次"来到网站。访问次数和独立访客相结合可以评估网站来了多少"人"，黏性如何。

4）PV

PV（Page View），又称页面浏览量、页面曝光量（页面查看）。

PV 的本质是衡量页面被浏览的"绝对数量"。

5）新访问占比

新访问指该访问为用户的第一次访问，而之前并没有访问记录。新访问占比用来衡量新访问（新用户）的比例，比例高意味着市场覆盖的扩大和新用户的不断引入。

新访问的原因：第一次访问、Cookie 删除。

如果用户在当天既产生第一次访问，又产生第二次访问，网站分析系统会认为该用户既属于新访问又属于老访问，并在计算网站新、老访问量时分别加1。

6）访问深度

访问深度又称人均页面浏览量，用来评估用户看了多少个页面。计算公式为：

$$访问深度 = PV / 访问量$$

某些情况也用 PV/UV 表示，结果不是越高越好。

访问深度是用户访问质量的重要指标，访问深度越大意味着用户对网站内容越感兴趣；但访问深度并不是越高越好，过高的访问深度可能意味着用户在网站中迷失方向而找不到目标内容。

7）停留时间

停留时间指用户在网站或页面停留时间的长短。

$$网站停留时间 = 最后一次请求时间戳 - 第一次请求时间戳$$

$$页面停留时间 = 下一个页面请求时间戳 - 当前页面时间戳$$

这不意味着用户真的"停留或浏览"，如离开电脑、多 TAB 浏览器。对于停留时间的评估也不是越高越好。

特殊情况：针对跳出页和退出页的规则（心跳监测、固定值）。

8）跳出率

用户在离开网站前与网站进行的一次互动。

$$跳出率 = 跳出的访问 / 落地页访问$$

跳出是仅针对落地页发生的指标，用来评估用户进入网站后的第一反应情况。过高的跳出率意味着站外流量质量低或页面设计出现问题，导致用户不愿意继续浏览网站。

9）退出率

退出指的是用户从网站上离开而没有进一步动作的行为。

$$退出率 = 页面退出的访问 / 页面总访问$$

退出与跳出的区别：

跳出针对的是落地页，而退出针对所有页面（全站）。

第 2 章　电商数据分析岗位必备的技能

分母不同，跳出率——落地页访问量，退出率——页面总访问量。

10）实例数

Instance，一个特殊的流量指标，用来衡量站内自定义对象的触发次数（Adobe Analytics 专用）。实例数的技术原理是每次监测的对象代码触发一次，则实例数加 1。

实例数通常用来统计站内自定义对象，如某个按钮、某个下拉菜单、某个功能区等；实例数在统计逻辑上类似于页面浏览量。理论上，页面级别的页面浏览量与页面实例数相等。

11）产品页转化率

产品页转化率，即浏览产品页的访问占比，计算公式为：

$$产品页转化率=产品页访问量/总访问量$$

产品页转化率用来衡量流量的质量，通常是电子商务转化的第一步，也是产品销售转化的第一步。

12）加入购物车转化率

加入购物车转化率，即加入购物车的访问占比，正确公式为：

$$加入购物车转化率=加入购物车访问量/总访问量$$

加入购物车转化率比产品页转化率具有更高的参考价值，该动作意味着用户更加具有购物导向性，因此，通常该指标会用来衡量所有站外营销和站内运营的业务效果。加入购物车转化率高，意味着具有购物意向的用户比例高（作弊情况除外）。

13）结算转化率

结算转化率，即到达结算的访问占比，正确计算公式为：

$$结算转化率=结算访问量/总访问量$$

但大多数网站分析工具的公式为：

$$结算转化率=结算量/总访问量$$

结算转化率越高，意味着用户完成订单的概率越大，因此结算转化率也是网站相关业务部门的重要参考指标。

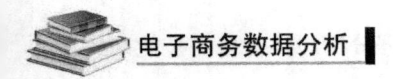

14）订单转化率

订单转化率，即完成订单的访问比例，正确计算公式为：

$$订单转化率=订单访问量/总访问量$$

但大多数网站分析工具的公式为：

$$订单转化率=订单量/总访问量$$

区别在于，一个访问内下多个订单，使得后者（订单量/总访问量）转化率虚增。订单转化率是电子商务网站最重要的评估指标之一。

15）购物车内转化率

购物车内转化率，用来衡量加入购物车的用户最终完成订单的比例，计算公式为：

$$购物车内转化率=提交订单的访问量/加入购物车的访问量$$

衍生的另一个指标：

$$购物车放弃率=1-购物车内转化率$$

经验数据：大多数日常消费电商网站的购物车内转化率在 60%~80%，如果低于这个数据说明流量可能存在作弊问题或购物车流程设计问题（某些购买决策周期长的特殊商品除外，如保险类商品）。

16）目标转化率

目标转化率，即完成某个目标的访问数占比，目标可以定义为注册、下载、试用、登录、咨询、销售线索等。

目标转化率通常用于无电子商务转化的网站，如汽车品牌网站；也可以作为过程转化衡量，如浏览商品、加入购物车、结算，都是非常重要的过程指标。

17）其他网站成本指标

每注册会员成本、每订单会员成本、每订单新会员成本、每订单老会员成本、每挽回流失会员成本。

18）其他网站收益指标

除了成本指标外，对应的还有收益类指标，如每次访问收益、每 UV 收益等，定义逻辑与成本指标相同。

第 2 节　常用的电商数据分析方法

2.1　流量来源分析

1. 流量来源

流量主要来源于关键词、来访域名、来访地区和人群，具体内容如下。

1）关键词

关键词是用户通过搜索引擎而得来的一个指令，搜索得到的结果是一个窗口。而分析关键词，就是将这些指令和窗口进行结合分析，通过分析知道哪些指令是用户习惯搜索的，展现的窗口在哪个位置会更受用户欢迎。

2）来访域名

只要我们的推广足够给力，网站的流量绝对不会太低，而流量多起来之后肯定会有不同的来源域名，有的是通过百度、谷歌等搜索引擎搜索关键词而来，有的是通过其他网站的网址链接而来，有的是通过直接输入而来，把这些进行统计分析，发掘其中有潜力的一块，也许我们的流量会提升很多。

3）来访地区和人群

通过对流量的来访地区和人群进行分析，可重点挖掘某一领域，大大提升流量。

2. 流量来源分析方法

① 网站流量来源排名：哪些网站贡献的流量多，哪些贡献的少。

② 搜索引擎关键词分析：根据关键词的来源分析来查看网站产品分布和产品组合。如果关键词查询多的产品不是网站的主推品，可以进行适当调整。

③ 网站流量趋势分析：网站的流量是否均衡稳定，是不是有大幅度波动。一般来说，流量突然增加的网站，如非发生突发事件，购买的广告位作弊的嫌疑比较大。

④ 网站流量核对：查看是否有莫名流量来源，流量来源大不大。如果莫名来源

流量很大,则有可能是您购买的 CPC[2]或者其他资源被注水了,将您的广告链接分包给了点击联盟。推介网站与直接访问的比例:推介网站可以理解为外部广告,直接访问就是用户直接输入网址。一般来说,直接访问量越大,说明网站的知名度越高。

> **案例:**
>
> 兰亭集势在纽交所挂牌上市后在互联网上掀起了惊涛巨浪,各路媒体纷纷报道、分析。来自海外营销服务商比邻互动的数据显示,兰亭集势的流量来源中,美国地区占比最高,约为20%,但呈现下滑趋势,而欧洲地区有所上升,整体流量来源国家相对分散。
>
> 从流量来源渠道上看,搜索渠道依旧是兰亭集势的主要流量来源,占据了46.19%的比例。另外,直接访问占比为 26.91%,引荐流量占比为 18.08%,营销占比为 3.51%,展示广告占比为 4.08%,而社交流量仅占 1.23%。
>
> 据了解,兰亭集势大约27%的直接访问流量在整个行业内算是比较高的比例,这不难看出其在品牌营销、老客户维护方面所做的努力。同时,兰亭集势在社交网络营销上也投入了很多精力,但贡献的流量份额仅占 1.23%,这或许反映出其在社交网络上的短板。
>
> 从流量来源的地区分布上看,兰亭集势网站来自美国地区的流量占比最高,约为20%,但呈现下滑趋势。而由于兰亭集势对欧洲市场的重视,网站来自欧洲地区的流量,如法国、西班牙、意大利、德国、荷兰,均呈现上升趋势。其中,来自法国的流量占比为 11.6%,来自西班牙的流量占比为 9.62%。兰亭集势的流量来源国家相对分散,对流量来源作深入的调研和分析,有利于其进行有效的、有针对性的市场战略。

2.2 流量效率分析

流量效率是指到达网站的流量是不是真实流量,主要分析指标如下。

1)到达率

到达率是指广告从点击到网站登录页的比例。一般来说,到达率能达到80%以上

---

[2] 每次点击付费广告,当用户点击某个网站上的 CPC 广告后,这个站的站长就会获得相应的收入。

是比较理想的流量，其与网站的速度有关，可以综合分析。

2）二跳率

二跳率是为了分析流量的有效性。如果是有效流量，一般会有合理的二跳；如果是虚假点击，一般是没有二跳的，但是也不排除有部分作假很厉害的网站能做出二跳。

3）PV/IP 比

① PV（访问量）：Page View，即页面浏览量或点击量，用户每次刷新即被计算一次。

② IP（独立 IP）：指独立 IP 数。00:00—24:00 内相同 IP 地址只被计算一次。

一般来说，有效的流量，如果网站内容比较好，那么一个独立 IP 大概能有 3 个以上的 PV。如果 PV/IP 比能达到 3 以上，一般说明流量比较真实，网站内容也不错。但是如果低于 3，并不代表流量不真实，也可能是网站本身的问题。如果 PV/IP 过高，也可能有问题，如人力重复刷新等，要谨慎对待。

4）订单转化率

订单转换率是最核心的数据，没有订单转化率，其他一切免谈。

2.3 站内数据流分析

站内数据流分析，主要用来分析购物流程是否顺畅和产品分布是否合理，主要分析指标如下。

- 页面流量排名：主要查看产品详情页的流量，特别是首页陈列的产品详情页。参照最终的销售比例，优胜劣汰，用以调整销售结构。
- 场景转化分析：首页—列表页—详情页—购物车—订单提交页—订单成功页的数据流分析。比如，首页到达了 10000 个用户，此后的数据分别是 8000、5000、1000、50、5，购物车到订单提交页的数据相差比较大，大概就能看出是购物车出了问题，需要改进。
- 频道流量排名：各个频道流量的排名，主要用来考虑产品组织的问题。
- 站内搜索分析：这个指标反映的是用户关心的产品有哪些，产品调整的最直接数据。
- 用户离开页面分析：分析用户在哪些页面离开最多？是首页还是频道页，是购物车还是订单提交页？突然大比例地离开网站，往往预示着问题的存在。

2.4 网购用户行为特征分析

当用户在电子商务网站上有了购买行为之后,就从潜在客户变成了网站的价值客户。电子商务网站一般都会将用户的交易信息,包括购买时间、购买商品、购买数量、支付金额等信息保存在自己的数据库中,所以对于这些用户,我们可以基于网站的运营数据对他们的交易行为进行分析,以估计每个用户的价值,及针对每个用户扩展营销(Lead Generation)的可能性。

用户行为分析,是指在获得网站访问量基本数据的情况下,对有关数据进行统计、分析,从中发现用户访问网站的规律,并将这些规律与网络营销策略等相结合,从而发现目前网络营销活动中可能存在的问题,并为进一步修正或重新制定网络营销策略提供依据。

1. 用户行为分析的目的

- 分析用户群体构成和地理分布,定位用户群体。
- 挖掘用户来源,发掘最佳渠道。
- 了解用户使用习惯,增强用户黏度和页面深度,降低跳出率。
- 解读用户转化/流失的原因,辅助市场运营。
- 分析用户需求,实现个性化营销。

2. 用户行为分析的内容

用户行为分析的数据主要包括四大类:

- 调研公司的用户特征分析数据。
- 网站的流量数据,包括 PV、UV、访问次数、跳出率、驻留时间、进入和退出页面等。
- 网站的访问者数据,包括细分用户、忠诚度、点击密度、访问路径等。
- 网站的会员和销售数据,包括会员信息和订单信息。

具体来说,应该包含以下重点分析数据:

- 用户的来源地区、来源域名和页面。
- 用户在网站的停留时间、跳出率、回访者、新访问者、回访次数、回访相隔天数。

- 注册用户和非注册用户，分析两者之间的浏览习惯。
- 用户所使用的搜索引擎、关键词、关联关键词和站内关键字。
- 用户选择什么样的入口形式（广告或者网站入口链接）更为有效。
- 用户访问网站流程，用来分析页面结构设计是否合理。
- 用户在页面上的网页热点图分布数据和网页覆盖图数据。
- 用户在不同时段的访问量情况等。
- 用户对网站的字体颜色的喜好程度。

3. 从哪几个方面去进行用户行为分析

- 用户群体构成和地理分布。
- 网站流量来源、流量质量和来源关键字。
- 细分用户群体，关注用户参与度及网站首页、搜索页、进入和退出页，关注订购流程。
- 网站用户忠诚度的重复访问、回访周期、访问时长、访问深度，重点关注回访周期。
- 网站流失用户的原因有哪些（可以结合调研公司的用户未下单原因的分析）。
- 网站会员的价值体系（应用 RFM 模型）。

4. 用户行为数据的主要分析方法

- 按照时间变化的历史趋势分析。
- 特定条件下的 TopN 分析、热点分析。
- 用户特征分析。
- 关联分析。
- 分类。
- 对比分析。
- 异常分析。

5. 用户行为分析的一般结论

- 用户群体构成和地理分布是否和公司的战略相符合。
- 网站的流量是否起到了很好的引导作用。
- 网站导航和搜索引擎等功能是否达到了转化用户的功能。

- 网站对用户的回访和再购物的刺激是否合理，有哪些待完善的地方。
- 网站转化和流失的原因从哪几方面可以得到改善，还存在哪些困难。

案例：

淘宝网站中，用户的访问与购买活动的数据是一笔很大的财富，电商网站的数据分析要能够涵盖日常运营数据及活动数据，并横向分析。从日常运营数据中，能够知道哪些人会回访网站，哪些用户可以达成复购。但需要了解那些回访网站却没有复购的人群：为什么他们不愿意再次购买？这样的问题可以通过介于运营与活动的数据分析来找到答案。活动数据会告诉你那些没有购买行为的客户按照何种顺序浏览网站，注意到了什么，点击了什么，在离开网站前做了什么。跟踪这个线索，可以了解如何修改这种行为，来增加他们下次访问时购买的可能性。

对于用户的访问与购买行为的数据，我们可以参考以下3个建议：

- 寻找一类合适的用户行为进行分析。
- 通过测算多少比例的受众会有这一类的用户行为，来预测外部整体市场的情况。
- 测试这一类用户行为是不是包含了重要的信息。

2.5 网店经营数据分析

1. 行业产品分布

（1）找到什么样的产品，做到什么样的销量（新店开张，主要通过上下架时间安排、橱窗推荐等方式，优化店铺网页，获取自然基础流量，提高销量）。

（2）产品的特性和卖点的分析（如现在主推夏装、太阳帽、太阳镜、防晒霜等，分析其特点和优势）。

（3）寻找合适的推广方式。这一点很重要，特别是店铺新开张，没有人气，浏览量、曝光率、销量自然很低，想参加淘宝活动肯定也很难，因为信誉等级不够。这时候选择优质的第三方推广平台，可以快速地帮你走出每天销量为零的局面。现在做得好的试用营销平台有淘宝试用中心、试客联盟、碟翼网、爱美网、免费试用网，利用这些推广平台，可以快速地提高店铺的曝光率。

2．淘宝销售分布

（1）产品关键词搜索量（日搜索量、优化、提升）的分析。

（2）淘宝销售分布：①一级类目：价格分布（如销量集中区间价格、单品平均热销价格区间）；②二级类目：销售分布（如销售集中区间），选择人气排名。

（3）主要目标：寻找淘宝热销产品和价格区间，分析热销产品特点，以产品销售基准数字作为参考，选择主推关键词或主推类目，为产品主推方向提供依据。

3．客户分析

（1）主要目标：为店铺装修、市场营销活动等提供参考。从主要目标客户的体验出发，去考虑店铺主色调，设计商品页面描述的顾客访问路径，将客户关心和关注的产品问题设计在最前面，告诉客户为什么要买这个产品，以快速打消客户的疑虑，达到让客户马上成交的目的。

（2）分析因素：性别、年龄、地域、职业、消费习惯、兴趣。要比客户更加了解他们自己需要购买什么产品，从而更好地挖掘有效客户和潜力客户。

4．产品分析

（1）主要目标：通过数据分析得出，什么样的顾客购买什么样的产品，以此来确定主推产品是否有机会热销。

（2）预测热销产品：从顾客喜好、产品创新、价位、品牌、卖点、客单价等方面，通过与同类产品对比，分析为什么我们的产品会热销、热销时间会继续多久、怎么寻找热销替代产品。

5．店铺/页面分析

（1）主要目标：通过量子恒道的点击热力图来分析店铺装修的效果，设计更符合客户体验和购买行为的页面。

（2）用数据说话：通过修改前和修改后的数据对比，可以知道修改以后，哪些数据上升了，哪些数据下降了，从而更好地指导页面的设计。数据参考指标为：点击指标、用户行为指标、用户浏览行为指标、业绩指标、转化率、流量指标、UV。

（3）要分析的内容：

①店铺首页。

- 主要目标：尽可能留住访客，有效分流。
- 第一屏、导航、分类、搜索页、首页焦点图。
- 点击分布。

②产品页面。

- 主要目标：提升转化率，提高客单价。
- 营销为导向：产品介绍、卖点、关联销售、售后承诺。

产品页面的数据要重点关注，因为淘宝客户行为路径是通过商品页面进入店铺页面，与实体店先进店再看商品的路径刚好相反。

本章练习题

一、是非题

1. 站外广告监测系统与网站分析工具监测到的广告点击量基本一致。（   ）
2. 站内数据流分析主要判断购物流程是否顺畅和产品分布是否合理。（   ）

二、单选题

1. 不属于商品类分析主要包括的指标为（   ）。

   A．订单量　　　　B．订单金额　　　C．每订单金额　　　D．监听合格率

2. 不属于流量效率分析指标的为（   ）。

   A．到达率　　　　B．二跳率　　　　C．PV/IP 比　　　　D．频道流量排名

三、多选题

1. 流量主要来源于（   ）。

   A．关键词　　　　B．来访域名　　　C．来访地区和人群　D．微信

2. 哪些属于用户行为数据的主要分析方法（   ）。

   A．关联分析　　　B．分类　　　　　C．对比分析　　　　D．异常分析

3. 以下属于营销数据分析指标的是（   ）

   A．电话呼叫放弃率　　　　　　　　B．商品 SKU 数

C．库存周转率 D．CPA

E．每订单成本

四、问答题

1．电商数据分析的营销类业务指标有哪些？

2．常用的流量来源分析方法有哪些？

3．如下表所示，是一家 B2C 电子商务网站一周的销售数据，该网站主要用户群是办公室女性，销售额主要集中在 5 种产品上，如果你是这家公司的分析师：

（1）从数据中，你看到了什么问题？你觉得背后的原因是什么？

（2）如果你的老板要求你提出一个运营改进计划，你会怎么做？

日期	9月6日（周一）	9月7日（周二）	9月8日（周三）	9月9日（周四）	9月10日（周五）	9月11日（周六）	9月12日（周日）
销售额	5062	5050	5022	5007	5045	3430	3053

第 3 章

电商企业经营的市场分析

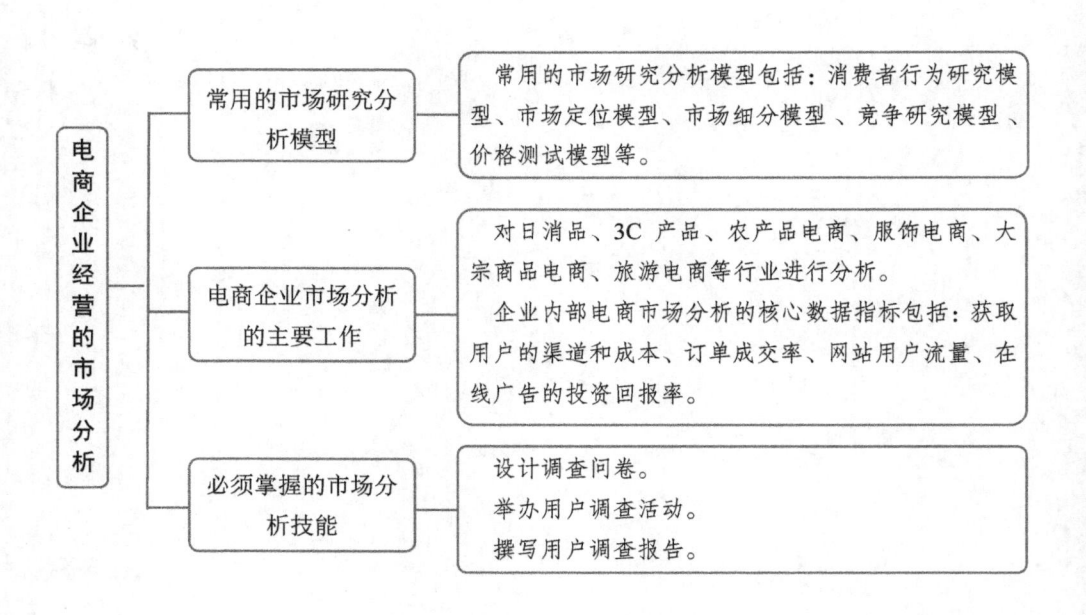

```
电商企业经营的市场分析
├── 常用的市场研究分析模型 ── 常用的市场研究分析模型包括：消费者行为研究模型、市场定位模型、市场细分模型、竞争研究模型、价格测试模型等。
├── 电商企业市场分析的主要工作 ── 对日消品、3C 产品、农产品电商、服饰电商、大宗商品电商、旅游电商等行业进行分析。
│                                企业内部电商市场分析的核心数据指标包括：获取用户的渠道和成本、订单成交率、网站用户流量、在线广告的投资回报率。
└── 必须掌握的市场分析技能 ── 设计调查问卷。
                              举办用户调查活动。
                              撰写用户调查报告。
```

第1节　常用的市场研究分析模型

1. 消费者行为研究模型

在消费者行为研究中，使用习惯和态度的研究是其核心问题（简称 U&A）。目前，消费者使用习惯和态度研究是一种相对比较成熟和常用的市场研究模型，广泛应用于家电、食品/饮料、化妆品/洗涤品、日用品等快速消费品和耐用消费品的消费者研究中。

1）U&A 研究的应用[3]

U&A 是一种相当成熟和完整的消费者研究模型，它广泛地被国内外的专业研究机构所采用。通过 U&A 模型，企业可以准确地测量出被测产品的市场状况、目标消费者状况、竞争对手状况，还可以有效地了解消费者特征和消费者行为，从而为企业下一步的市场策略或市场推广提供指导性依据。

U&A 的主要研究内容包括消费者对产品/广告的认知、消费者使用和购买习惯、消费者满意度评价、消费者媒体习惯、消费者对市场推广活动的态度等一系列指标。同时，消费者的产品态度研究还可以用于市场细分和确定目标市场。进行市场细分的方法是根据消费者对产品的偏爱程度，在同等条件下，商家应将目标市场定位于消费者偏爱程度较高的市场，因为消费者对喜爱的产品总是赋予更多的关注。即使采取其他市场细分法，如以地理位置为标准，也需努力检测各个细分市场对产品的相对偏好程度。细分市场对产品的喜好程度越大，成功的可能性也就越大。

2）U&A 研究方法

在实际研究过程中，我们通常采用的研究方法包括费歇宾模式和理想点模式。

①费歇宾模式（The Fishbcin Model）：费歇宾模式是最广为人知的测试模式。根据费歇宾模式，消费者对于一个给定的产品的态度定量评价为：该产品具有各显著特性的程度与特性的评价值乘积的和。

---

[3] http://blog.sina.com.cn/s/blog_916eb92501010a5h.html

②理想点模式（The Ideal-Point Model）：理想点模式的独特之处在于提供了消费者认为是理想品牌的信息和消费者对现在品牌的看法。在理想点模式下，消费者被问及某种品牌产品在某一特性中所处的位置，以及他认为"理想"的品牌应处于什么位置。根据模式，品牌具有的特性值越接近理想值，则该品牌越受到消费者偏好，也就是 AB 值越趋近于零越好。

3）影响购买行为的因素分析

影响消费者购买行为的因素有很多，主要包括心理因素、内部因素和外部因素。通常按如下模式开展消费者行为研究，如图 3-1-1 所示。

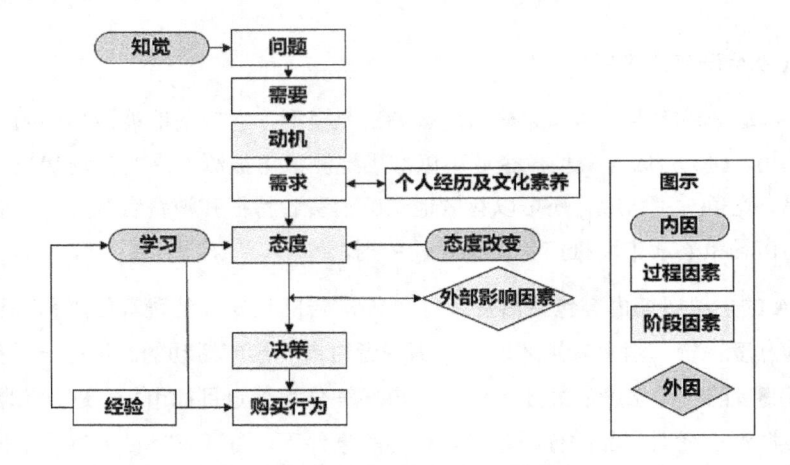

图 3-1-1 消费者购买行为影响因素

4）模型的优点

①全面性：从不同角度了解消费者行为的内因的形成过程。

②有效性：准确了解消费者决策的影响因素，从而确定可行的市场策略。

③准确性：准确界定目标消费群。

2．市场定位模型

对某一类新上市产品（项目）来讲，在进行了市场细分研究的基础上，进一步需要做的工作就是市场定位。市场定位十分重要，正确的市场定位会使该产品顺利地进入市场，并建立自己的品牌；相反，如果定位出现了偏差，会使市场营销计划受到严重阻碍，甚至导致产品入市失败。在实施市场定位中，我们通常所使用的定位模型是基于利益定位的两个主要工具——认知图和价值图。

市场定位工作大致分为三部分[4]，具体如下。

1）选择定位概念、建立认知图或价值图

在对产品或项目进行定位时，营销人员首先需要了解目标市场"在意"的因素是什么，然后才能定位研究。定位研究的结果可以用认知图表示，认知图可以用来反映相对于竞争对手而言本产品在消费者感兴趣程度、产品和企业形象方面的位置。如图3-1-2所示，是牛仔裤的认知图，其中，线的长度（或向量）代表了这些产品特征的重要性指标，品牌位置与向量的距离或角度表示该特点的接近程度。

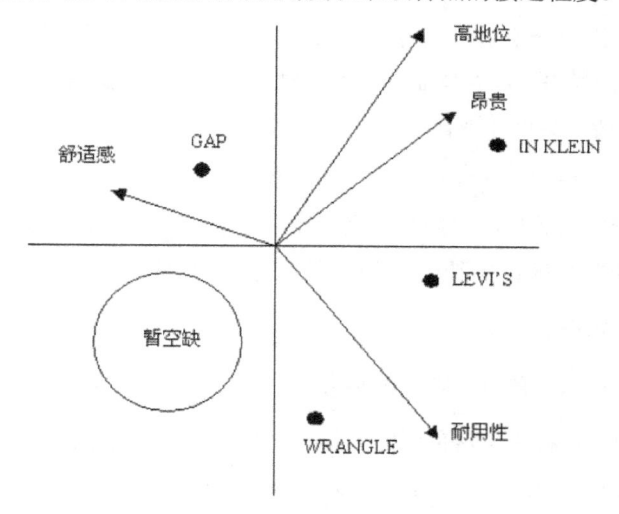

图 3-1-2　牛仔裤的认知图

2）制定有效的定位传达方式及卖点

产品定位的传达方式包括品牌名称、标语、产品外观或其他产品特点、销售地点、员工形象等。另外，还要设计正确的产品定位的概念，包括广告语的选择。

3）整合传播组合定位

在完成了上述工作的基础上，定位工作还包括营销策划传播组合定位。通常，营销传播组合定位模式如图 3-1-3 所示。

---

4 http://www.cmrc.cn/htm/survey-methods/analysis-technics/201106/23-19896.html

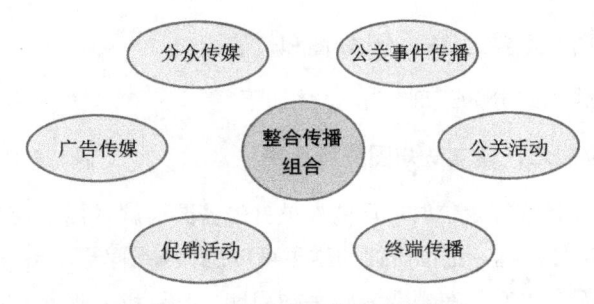

图 3-1-3　营销传播组合定位模式

3. 市场细分模型

市场调查中的细分市场研究可以帮助企业更清楚地了解不同层次消费者的需求特点与消费或使用特性，能帮助企业更好地锁定目标群体，更有效地针对不同层次的用户进行推广宣传。具体体现在[5]：

- 自动合并差异不显著或规模过小的市场。
- 依据差异的显著程度来判断各因素在划分细分市场时的层级。
- 在变量差异不显著或细分市场规模过小时停止细分。

市场细分研究步骤如下。

第一步：了解项目背景、确定基本变量。

这是市场细分过程中非常重要的一步，对基本变量的选择、建立变量间联系的方法成为细分研究成败的关键。这些变量如表 3-1-1 所示。

表 3-1-1　市场细分研究表

	基本变量
地理因素	地区
	省市
	城市规模
	属性
	气候
	经济发达程度

---

5 http://www.doc88.com/p-6853210445922.html

续表

	基本变量
人口因素	年龄
	性别
	家庭生命周期
	家庭收入
	职业
	教育程度
	媒体接触
心理因素	价值倾向
	社会经济地位
	生活方式
	个性
行为因素	使用率
	购买目的
	追求的利益
	使用者状况
	品牌忠诚度
	品牌知晓度
	对产品的态度

第二步：数据采集。

出于对准确市场研究的需要，市场细分研究对样本数量和典型性有较高要求，多个城市研究一般样本量会在 1000 个以上；同时，细分市场研究需要调查结论能推断消费者总体，因此，多采用随机性较好的用户面访。如果目标市场为特定产品的购买者，也可采用定点拦截访问。由于细分市场调查问卷一般较长，访问时间多在 30～50 分钟，且涉及较多受访者个人信息，因此，进行电话访问的难度较大。

第三步：数据分析。

运用多元统计分析中的聚类分析和对应分析，将对基本问题回答相同或者相似的调查对象编成不同的组别，并对这些组别认真研究和分析，最终将总体市场划分为细分市场。事后细分法利用人口统计指标和行为变量描述各个细分市场，使得这种细分市场更容易界定。

第四步：分析其他数据，构建细分市场。

论证由第三步得出的细分市场，若发现与前面结果相反，则再回到第三步进行分析。

第五步：为目标人群命名。

名字应该有意义、准确、难忘，与细分市场中的人群很好地匹配。

第六步，明确每个细分市场，同时对准备进入的细分市场进行评估。

准备进入细分市场需要考虑如下原则：

- 足够大。细分市场必须足够大，以保证其有利可图。
- 可识别。细分市场必须是可以运用人口统计因素进行识别的。
- 可达到。细分市场必须是媒体可以接触到的。
- 差异性。不同的细分市场应该对营销组合有不同的反应。
- 稳定性。就其大小而言，各细分市场应该是相对稳定的。
- 增长性。好的细分市场应该具有增长的潜力。
- 空白点。细分市场如果被竞争者牢固占领，则其吸引力会大大降低。

4．竞争研究模型

竞争情报工作（Competitive Intelligence，CI）就是建立一个情报系统，帮助管理者分析竞争对手，以提高自身的竞争效率和效益[6]。

情报是经过分析的信息，当这种信息对企业来说意义重大时，它就成为决策情报。竞争情报工作有助于管理者预测商业关系的变化，把握市场机会，对抗威胁，预测竞争对手的策略，发现新的或潜在的竞争对手，学习他人成功的经验、汲取失败的教训，洞悉对公司产生影响的技术动向，并了解政府政策对竞争产生的影响，从而提高决策效率和企业效益，为企业带来更高的利润回报。通常，对竞争对手的研究包括辨别竞争对手、评估竞争对手和选定竞争对手三个部分，如表 3-1-2 所示。

---

6 http://www.docin.com/p-1293723492.html

第 3 章 电商企业经营的市场分析

表 3-1-2 圈定竞争对手研究表

圈定竞争对手程序		
辨别竞争对手	评估竞争对手	选定竞争对手
1. 确定竞争的范围与条件	1. 竞争对手调研	1. 选定竞争对手
2. 辨别竞争对手策略	2. 评估竞争对手状态	2. 执行竞争策略
3. 辨别竞争对手目标	3. 评估竞争对手能力	3. 预测竞争对手反应
	4. 评估竞争对手反应能力	

5．价格测试模型

财务状况分析包括：注册资本、营业额、利润率、负债率及其他相关的财务指标等。

大多数的企业在不同的经营时期都有可能遇到这样的问题：

（1）在研制成功一种新产品之后，以何种价格上市能够最大限度地为消费者所接受？

（2）已上市的产品在调整定价策略后将引起何种市场反应？

（3）对于竞争对手在产品定价上的新举措，消费者又会作何反应？

为了能够有效地回答上述问题，测试方法如图 3-1-4 所示。

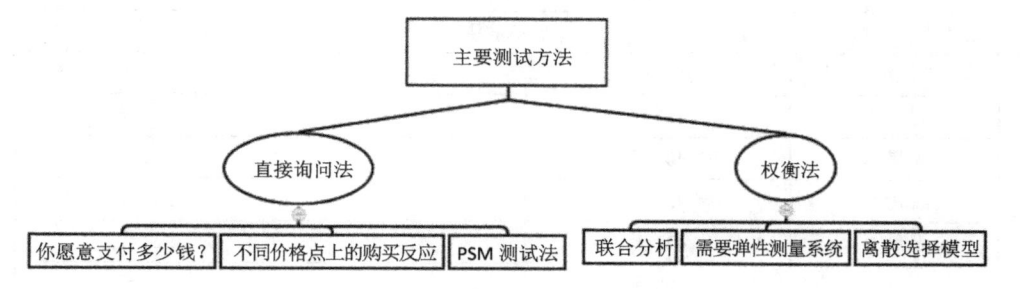

图 3-1-4 价格测试方法

1）PSM 测试法

①能够得到的信息：得到潜在消费者的百分比，判断拟议中的价格是否"正常"或"可被接收"（换而言之，价格既不太高，也不太低）。

②测试核心问题，如：

- 多少钱觉得太便宜而会怀疑它的品质？
- 多少钱比较划算？

- 多少钱觉得比较贵但还可以接受？
- 多少钱觉得太贵肯定无法接受？

③测试结果。

2）需求弹性测量系统

①能够得到的信息。

当被测产品的价格有所变化时，对购买意愿在不同品牌之间的"转移情况"进行分析，得到消费者对于各品牌的价格敏感度，并可预测：

- 当一个品牌提价时，其他竞争品牌中哪些将是主要的受益者及其受益的程度。
- 采取降价策略时，会引起哪些竞争对手还击。
- 价格下调幅度在什么范围之内，其他品牌仍会保持目前的定价水平。

②测试方法。

- 选定参评品牌及各参评品牌的不同参评价位。
- 将这些参评品牌及其相应价位使用正交组合形成一系列卡片，如表 3-1-3、表 3-1-4 所示。

表 3-1-3　品牌价格水平卡片

品牌	价格水平		
	较低价位	目前价格	较高价位
品牌 A	450 元	500 元	550 元
品牌 B	405 元	450 元	495 元
品牌 C	450 元	500 元	550 元
品牌 D	428 元	475 元	523 元
品牌 E	405 元	450 元	495 元

表 3-1-4　单价卡片

卡片 1	
单价（元）	
品牌 A	500 元
品牌 B	450 元
品牌 C	500 元
品牌 D	475 元
品牌 E	450 元

- 向受访者出示这些卡片，请受访者从每张卡片上选出最有可能购买的品牌，如表 3-1-5 所示。

表 3-1-5　向受访者出示的卡片

	品牌 A	品牌 B	品牌 C（客户）	品牌 D	品牌 E
初始份额	21.4	17.0	25.5	15.7	20.6
品牌 C 引起的份额变动	+1.9	+0.7	-5.0	+2.3	+2.1
品牌 A 引起的份额变动	-3.4	-0.3	+2.3	+0.5	+1.5
最终份额	19.9	18.0	22.6	18.5	24.2

6．用户价值分析模型

用户价值的高低基于以下两个维度：占用企业资源而发生不同费用的用户对企业的贡献率和单位资源可能给企业所创造的平均利润比较差值，形成经济价值；不同费用水平用户的基于满意度研究基础上的忠诚度研究，形成市场价值。

通过上述两个维度的分布结果，可以得出以下四类群体：

（1）经济价值比较低，市场价值较低。

（2）经济价值比较低，市场价值较高。

（3）经济价值比较高，市场价值较低。

（4）经济价值比较高，市场价值较高。

用户价值分析模型如图 3-1-5 所示。

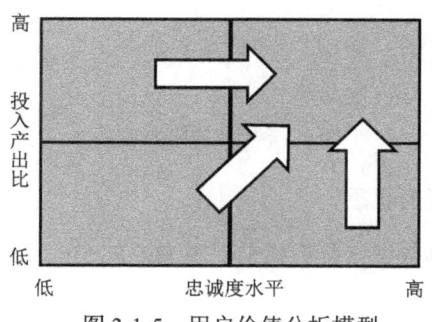

图 3-1-5　用户价值分析模型

7．新品上市模型

一个新产品入市能否取得成功是受到多方面因素联合控制的，就产品本身而言，包括产品的外观、材质、样式、价格等。因此，研究预测新产品在未来市场上的表现就要综合考评上述因素的综合作用。

1）确定评判因素

市场实践表明，影响新产品上市的成败的原因有很多，因此，在综合评判之前首先需要确定这些因素。通常评判因素分为三类：

①我们在准备项目方案阶段就能初步确定的影响因素，这些因素是影响市场的公共因素。

②通过项目组开展桌面会议和少量的电话试访问补充一些因素。

③在实际调研数据采集整理之后，将统计分析结论与细分市场实际情况相结合，优选得到的评判因素。

2）模糊综合评判方法

在完成上述工作后，就可以采用"模糊综合评判方法"对新产品上市的前景进行评判，具体方法如下。

第一步：评判矩阵的建立。

将优选后的评判因素数据及评语构成如图3-1-6所示形式的矩阵 R。

		评语1	评语2	评语3	评语4	评语5		
		X_{11}	X_{12}	X_{13}	X_{14}	X_{15}		因素1
		X_{21}	...			X_{25}		因素2
$R=$		X_{31}	...			X_{35}		因素3
		X_{41}	...			X_{45}		因素4
		X_{51}	...			X_{55}		因素5

图3-1-6 评价矩阵图

第二步：确定单因素的权重。

对因素对象的调研频数统计分析确定权重 W：$W=(w_1, w_2, w_3, w_4, w_5)$。

第三步：综合评判。

将矩阵 R 和权重 W 的模糊关系合成，即 $A=W*R$，如图3-1-7所示。

$$A=(w_1,w_2,w_3,w_4,w_5,w_6) \begin{bmatrix} X_{11} & X_{12} & X_{13} & X_{14} & X_{15} \\ X_{21} & \cdots & & & X_{25} \\ X_{31} & \cdots & & & X_{35} \\ X_{41} & \cdots & & & X_{45} \\ X_{51} & \cdots & & & X_{55} \end{bmatrix}$$

$$=(y_1,y_2,y_3,y_4,y_5)$$

图 3-1-7　综合评判图

最后，将(y_1,y_2,y_3,y_4,y_5)进行标准化处理。

8．渠道研究模型

1）渠道定义

所谓的渠道，是指产品从制造商到批发商，再到零售商，最后到用户手中的整个过程。按照商品流通的次序，渠道研究可以分为流通市场调查和零售市场调查两部分。

流通市场调查一般是围绕最高一级经销商的选择而进行的。零售市场调查是围绕选择重点终端和终端组成结构进行的。决定渠道时要从以下两项来考虑：

- 某类商品的全体渠道。
- 从某制造商产品的个别品牌来考虑。

2）渠道研究要解决的核心问题

- 如何规划渠道。
- 如何选择经销商。
- 渠道成本如何控制。

3）渠道研究的主要分析指标

- 渠道结构及作用力：找到关键渠道。
- 各渠道的竞争态势：选择最佳渠道。
- 渠道的市场渗透率：衡量渠道的能力。
- 产品在各渠道的流通速度及利润率：考察渠道的效率。
- 用户的购买习惯及满意度：从用户角度衡量渠道现状及未来的潜力。

9. 商圈研究模型

商圈是一个地理概念。从行业角度来讲，不同业种和业态的零售业者在一个相对集中的区域从事经营活动，这个区域的范围就叫作商圈。从零售业者的角度来讲，商圈是指店铺能够有效吸引顾客来店的地理区域。在许多大型项目（特别是房地产项目）的可行性论证中，商圈研究是必不可少的一个重要环节，特别是对商圈内的竞争状况、业态类型、消费者特征及经济地理状况等的深入了解，是进一步确定立项和制定经营策略的重要依据。

一般来讲，商圈可划分为三个层次，即核心商圈、次级商圈和边缘商圈。

①核心商圈：在该商圈的顾客占顾客总数的比率最高，每个顾客的平均购货额也最高，顾客的集中度也较高。

②次级商圈：在该商圈的顾客占顾客总数的比率较少，顾客也较为分散。

③边缘商圈：在该商圈的顾客占顾客总数的比率相当少，且非常分散。

10. 广告效果评估模型

广告效果活动评估，是指广告策划活动实施以后，通过对广告活动过程的分析、评价及效果反馈，来检验广告活动是否取得了预期效果的行为。因此，其评估不仅是对广告后期效果的评估，还包括对广告调查、广告策划、广告实施发布的评估。广告效果评估的主要内容有：

（1）广告计划在取得预定的广告目标上是否有效，所获得的广告效果能否用计划外的其他工作来替代。

（2）广告计划在实施过程中是否有超出计划的作用。

（3）广告活动的实施是否最大效益地使用了资源（人力、物力、财力和时间）。

（4）接触广告信息的目标消费者的数量（即广告的接触率），以及注意和理解了广告信息的受众数量。

（5）接受了广告内容并改变态度、意见、观念的目标消费者的数量。

（6）按照广告导向采取了行动的消费者的数量和重复采取类似行动的消费者的数量。

（7）是否达到了预定目标。

11. 品牌研究模型

品牌作为企业、地域或产品的标志，远远不只是一个名字、一个符号，它包含着消费者对品牌的全面感受和评价，包括品牌认知、品牌个性、品牌定位、品牌利益及品牌与消费者之间的情感沟通等。越来越多的企业开始注重品牌建设，因此品牌研究是品牌建设中非常重要的环节。

第 2 节　电商企业市场分析的主要工作

2.1　各行业电子商务的市场分析

1. 日消品

在整个网上零售市场发展已较为成熟的背景下，中国网上零售市场交易规模增长率依然维持高位[7]。网上零售在社会消费品零售总额中的占比已超过10%，成为中国经济社会中一股不可忽视的力量。中国网上零售市场已进入相对成熟的阶段，不同品类商品的线上销售占比存在较大差异。日消品在整个零售市场中占据非常重要的地位，但线上销售处于低位。日消品本身的产品特性，使其在销售过程中表现出高时效性、高场景化和冲动型消费的需求，而目前线上零售渠道并未表现出优势，相对于商品单价，物流成本较高。传统日消品线下零售渠道发展较为成熟，基本满足了消费者的需求。消费者的成长、用户需求的转变、企业的推动三点的变化成为支撑线上日消品零售发展的基础：以80、90后为主的网购人群逐渐成长为日消品的主力消费人群；网购消费者从低价需求逐渐转为便利性需求；巨大的潜在市场空间吸引大量电商企业和零售企业积极进入该市场。

在当前日消品电子商务平台中，苏宁已建成"巩固家电，凸显3C，培育母婴超市"的全品类发展战略，超市品类成为业务重点。苏宁通过线上平台与线下门店结合的双渠道模式，打造"互联网超市"，满足消费者的多样化需求。天猫超市通过建立新型商家合作模式，以就近原则满足消费者的时效性需求。京东到家依托信息服务平

---

[7] http://www.investide.cn/db/news/newsDetail.do?investNewsId=126961

台，将消费者和附近商超进行匹配。沃尔玛"速购"借助移动互联网技术，提供消费者在线选购沃尔玛门店商品的便利。

2. 3C 产品

3C（Computer, Communication, Consumer Electronics）类产品是较早在网络渠道销售的产品，也是网购市场销售额最高的产品之一。3C 产品网购市场复杂多变，一方面是因为网购渠道多样，另一方面是因为网络销售的 3C 产品鱼龙混杂。

中国 3C 产品网络零售市场近年来不断高增。促进 3C 类网络零售市场不断发展的因素有：我国网络购物环境的不断成熟与完善；网购用户规模扩大并且 3C 类产品相对标准化程度较高，更适合网购；今年来传统家电企业纷纷向电子商务转型，为这个行业注入活力。

我国 3C 网购市场的特点包括：①相较于其他网购市场，在学历、收入、年龄方面都相对较高并且男性消费者占绝对主导地位；②3C 类产品的网购主要集中在大城市，但每个城市均有差异；③3C 网购市场价格战日趋激烈，同类平台间的竞争增大；④传统家电企业（如国美、苏宁）纷纷加入 3C 网购市场。

3C 网购用户最看重的因素为价格便宜、方便快捷和样式丰富。3C 产品网购市场发展成熟度领先于服装等大部品品类[8]。整体 3C 网络购物市场的大规模发展与消费者购物需求大、消费实力强有紧密联系。3C 产品网购市场包括京东、淘宝、1 号店、Amazon 等电商平台，苏宁易购、新蛋网等家电 3C 类垂直平台，以及富士康旗下富连网、小米旗下小米商城这些硬件大厂旗下的平台。3C 网购用户以 19～30 岁的男性用户为主。3C 产品相对于服装、美妆等类目而言，更加标准化，产品从发布之时定价就非常透明。电商的作用是去渠道化能力，3C 电商在这一点上更是体现得淋漓尽致。

3. 农产品电商

农产品电商发展迎来有利契机。近几年国家一号文件和五年规划大力推进农业现代化，同时从政策上给予大力支持。农产品电商是提高农产品流通环节经营效率的重要手段之一。

目前农产品电商平台主要有三类：B2B 农资电商平台、B2B 农产品电商平台、

---

[8] http://www.alibuybuy.com/posts/75354.html

B2B食材配送平台。农产品电商市场环境的特点有：农户的入网率比较低，对辅助上网有较强烈的需求，同村人之间多相互熟识，抱团现象严重；种子、农药类商品有一定的风险，如代售假种子，赔款概率基本为100%，农药也有相似情况；基础建设非常不完善，农村最后一公里物流缺失，多靠农户自行解决货运问题；乡镇级经销商往往会为农户提供赊销服务，依靠熟人关系来维持还款，农资电商平台初期难以提供赊销服务，经销商仍具有竞争优势；国家对农业贷款大力支持，且农户融资需求非常强烈，但是农村家庭正常信贷获批率远低于全国平均水平，农户贷款违约风险较高，即使用土地、房屋抵押，也难以催收。

有代表性的农产品电商平台有[9]：B2B2C农资综合电商——云农场，B2B2C农资分销平台——农集网，O2O农业产业联盟——田田圈，农业互联网金融平台——农发贷，土地流转综合资讯服务平台——土流网，B2B农产品电商平台——一亩田，B2B农产品电商——惠农网，B2B农产品大宗交易电商——绿谷网，B2B食材供应平台——美菜、链农、大厨网、小农女等。

案例：

作为中国最大的农业互联网公司，自成立以来，一亩田就推出农产品行情数据服务。每天早晚两次的数据更新量达到30多万条，品类包括畜牧养殖、生鲜果蔬、粮油种植、鲜活水产、林业苗木、中医药材、特种养殖等涵盖33个省份的1500种细分农产品种类。

作为农产品种植户，最头疼的就是农产品卖不出去，而作为农产品经纪人操心得更多，还有农产品的品质如何把控、物流时间、仓储费用、收购资金不足等一系列的问题。

如何解决这些长期的桎梏？以张北为例。张北位于河北省西北部，是绿色食品生产基地。一亩田在当地设立了办事处，办事处职能之一就是面对面、手把手帮助农户使用APP。

通过这个应用，农户可以马上参与各种竞价，如北京新发地市场具体采购订单的竞价，价格合适可以直接联系，几分钟就可以成交。

不仅如此，通过一亩田内部智能分析匹配系统，农产品经纪人还可以看到

---

9 http://www.1caixin.com.cn/article-305458.html

每日哪个市场什么产品最赚钱、什么产品会赔钱、哪个地区供应量大、哪个地区供应量少等。

传统上农产品流通是劳动密集型的业务，现在则可以是技术密集型的业务。一亩田办事处已经同张北20%的农产品经纪人建立了联系，已经对张北约10%的农产品供应进行了认证，一亩田对产地的供应商进行实名、实地、签约供应商的认证。这些都是免费的服务，采购商通过网站采购签约供应商农产品，遭遇诚信问题将获得一亩田的先行赔付。

就农产品交易来说，信用是一个问题，有时候不是没有生意，而是采购商担心到外地人生地不熟，容易吃亏。现在一亩田产地办事处工作人员作为第三方，会陪同双方完成交易。

让经纪人更感兴趣的还有一亩田加盟办事处的无抵押小额贷款模式。一般情况下，办事处通过一亩田每完成一笔交易，一亩田都会为办事处出具一个信用记录，随着信用记录的增加，将会给予经纪人不同额度的无抵押贷款。这无疑解决了相当一部分农产品经纪人现金流不足的现实问题。

"张北模式"已经形成榜样效应。基于市场，移动互联网公司深入产地服务于农户，农户直接对接城市采购商，不但降低了流通成本，而且还可以同城市采购需求密切联系起来。

4．服饰电商

服装服饰类产品是网购的第一大品类，有巨大的发展空间和潜力，引导着整个电子商务市场的发展。当前服装电商品牌企业可分为两大类，分别是传统服装品牌涉足网络和最先从网络上塑造成功的纯网络服装品牌企业。第一种企业以李宁品牌为代表，先进入淘宝商城建立官方网络店铺，然后推出网络分销、代销模式。李宁品牌官方网上商城也开始营业，最终李宁电子商务公司正式成立。第二种企业以VANCL为代表，最开始是vancl.com上线，两年后VANCL淘宝官方旗舰店也正式上线，而随着VANCL品牌的塑造，衍生出很多网络分销商。

5．大宗商品电商

我国大宗商品电子交易市场自1997年成立以来，发展十分迅速，交易品种日益丰富。大宗商品电子商务较之消费品发展一直滞后，大宗商品单位资金量大、商品销售层级少、产业集中度高等特征使得传统电商优势在大宗商品领域难以发挥。大宗商品的电子交易主要是以金融属性的中远期交易为主，以交割为目的的现货交易较少。导致大宗商品电子商务难以与消费品电商同步发展的主要原因是大宗商品天然属性区别于一般消费品，传统电商优势在大宗商品领域难以发挥。

6. 旅游电商

我国旅游电子商务经过十多年的摸索和积累，已有相当一批具有资讯服务实力的旅游网站，主要包括地区性网站、专业网站和门户网站的旅游频道三类。比较成功的专业网站主要有携程旅游网、e龙网等。这些网站可以提供比较全面的服务，主要涉及旅游的食、住、行、游、购、娱等方面的网上资讯服务，成为旅游服务的重要媒介。我国逐步向国外开放旅游市场，国际旅游企业将携带观念、管理、网络、资金、人才等多方面的优势，以各种方式进入中国旅游市场。随着旅游市场竞争的日益激烈，旅游者的需求越来越高，我国必须把传统旅游市场转向以互联网技术为核心服务的旅游电子商务，才能满足不同旅游者的需求。

2.2 企业内部电商市场分析的核心数据指标

1. 获取用户的渠道和成本分析

如果你经营着一家电商企业，但是却不知道每天有多少用户登录你的网站、登录用户和完成购买用户之间的比例是多少，以及吸引用户的成本是多少，那么你经营的电商企业在这个行业不会存活太长时间。搜索引擎优化是获取用户的一个好方法，但是仅仅做好搜索引擎优化还不够。有的时候为了吸引更多的用户，你必须在金钱上有所付出，而且你必须清楚地知道哪种方法最能吸引用户。即使在你不得不拒绝用户的时候，你也要清楚地知道拒绝用户的成本。在电商领域有这样一句话："如果你不能分析数据，你就不能控制流量。"

2. 订单成交率分析

通过努力的工作，你将用户吸引到了你的网站上；你开始更辛苦地工作，为用户提供他们想要购买的产品；用户们单击了"现在购买"按钮，被重新定向到付款页面；然后用户突然放弃了购买，到底发生了什么？通过分析未完成付款的订单，能够让你了解到用户为何最终放弃购买。一商家发现有一个用户在很短的一段时间内，放弃购买了 5 件产品，对此十分奇怪。通过调查后发现，原来是页面不接受来自加拿大的订单。因此，作为一个电商企业，未完成付款或是用户放弃购买的订单，是你应该进行追踪和分析的数据。

3．网站用户流量分析

很显然，你希望那些正在寻找你的网站的消费者能够来到你的网站购物，为你的网站增加流量，但那些并不是在寻找你的网站的用户，同样不可忽视。他们也许正在网上寻找某一种商品，而你恰好正在销售这种商品，那么这时你要做的就是将这部分用户吸引过来。用户流量是最能为你带来收入的因素。

提高网站用户流量的方法如下。

①站内免费引流：友情链接/交换流量；排名/橱窗推荐；社区/精华帖。

②站外免费引流：论坛推广/微博推广；SNS 社交网站；QQ 空间/QQ 群/邮件；搜索引擎优化。

③站内付费引流：站内 SNS；站内投放广告；官方活动/工具。

④站外付费引流：线下推广；站外广告投放。

4．在线广告的投资回报率分析

很多在线企业开始在网上投放广告，但是他们却并不关注投放广告的投资回报率。通过分析在线广告的投资回报率，可以知道哪些渠道的广告效果最好，哪些渠道的广告效果不尽如人意，应该不再使用。另外，还可以对多支广告的效果进行分析，以便在最好的渠道上投放效果最好的广告。

目前网络广告所普遍采用的 CPM、CPC、CPA 等统计模式，仅仅是一种数据指标，这种方法应用于结算、成本控制、创意效果监测等方面是可行的，但作为广告投资回报则有些过于简单偏颇。和电视广告收视率指标一样，多少人看到、点击广告只能说明你在媒体选择或广告设计上比较成功，并不等于广告所传达的内容、品牌形象已经深入人心。广告投资回报率应该是一种延时效果，在这方面网络广告和传统广告在本质上没有区别，只是因为网络广告具有互动性，所以容易把即时的互动效果（特别是点击）混淆为网络广告投资回报率。

第3节 必须掌握的市场分析技能

3.1 如何设计一份合格的调查问卷

1. 调查问卷设计的步骤

所谓问卷设计，是根据调查目的，将所需调查的问题具体化，使调查者能顺利地获取必要的信息资料，并便于统计分析。

设计调查问卷是为了更好地收集调查者所需要的信息，因此，在设计调查问卷的过程中首先要把握调查的目的和要求，同时要争取被调查者的充分配合，以保证最终问卷能提供准确有效的信息资料。一般调查问卷必须经过认真仔细的设计、测试和调整，然后才可以大规模使用。通常，问卷的设计可以分为以下几个步骤。

1）根据调查目的，确定所需要的信息资料

在问卷设计之前，调查人员必须明确需要了解哪些方面的信息，这些信息中的哪些部分是必须通过问卷调查才能得到的，这样才能较好地说明所需要调查的问题，实现调查目标。在这一步中，调查人员应该列出所要调查的项目清单，这些在问卷设计时都应体现出来。根据这样的一份项目清单，问卷设计人员就可以进行设计了。

2）确定问题的内容，即问题的设计和选择

在确定了所要收集的信息资料之后，问卷设计人员就应该根据所列调查项目清单进行具体的问题设计。设计人员应根据信息资料的性质，确定提问方式、问题类型和答案选项如何分类等。对于一个较复杂的信息，可以设计一组问题进行调查。问卷初步设计完成后应对每一个问题都加以核对，以确定其对调查目的是有贡献的。仅仅是趣味性的问题应该从问卷中删除，因为它会延长所需的时间，使被访者感到不耐烦。也就是说，要确保问卷中的每个问题都是必要的。

3）决定措辞

措辞的好坏，将直接或间接地影响到调查的结果。因此对问题的用词必须十分审慎，要力求通俗、准确、客观。所提的问题应对被访者进行预试之后，才能广泛地运用。

4）确定问题的顺序

在设计好各项单独问题以后，应按照问题的类型、难易程度安排询问的顺序。如果可能，引导性的问题应该是能引起被访者兴趣的问题。有困难的问题或私人问题应放在调查访问的最后，以避免被访者处于守势地位。问题的排列要符合逻辑的次序，使被访者在回答问题时有循序渐进的感觉，同时能引起被访者回答问题的兴趣。有关被访者的分类数据（如个人情况）的问题适合放在问卷最后，因为如果涉及个人问题，容易引起被访者的警惕、抵制情绪，尤其是在电话式问卷调查中。

5）问卷的测试与检查

在问卷用于实施调查之前，应先选一些符合抽样标准的被访者来进行试调查，在实际环境中对每一个问题进行讨论，以求发现设计上的缺失，如是否包含了整个调查主题、是否容易造成误解、是否语意不清楚、是否抓住了重点等，并加以合理的修正。

6）审批、定稿

问卷经过修改后还要呈交调研部的部长，审批通过后才可以定稿、复印，正式实施调查。

2. 调查问卷的基本格式

一份完整的调查问卷通常由标题、问卷说明、填表指导、调查主题内容、编码和被访者基本情况等内容构成。

1）问卷的标题

问卷的标题概括地说明调查主题，使被访者对所要回答的问题有一个大致的了解。确定问卷标题要简明扼要，但又必须点明调查对象或调查主题。如"公司员工宿舍卫生间热水供应现状的调查"，而不要简单采用"热水问题调查问卷"这样的标题。这样无法使被访者了解明确的主题内容，阻碍接下去回答问题的思路。

2）问卷说明

在问卷的卷首一般都有一个简要的说明，主要说明调查意义、内容和选择方式等，以消除被访者的紧张和顾虑。问卷的说明要力求言简意赅，文笔亲切又不太随便。

3）填表指导

对于需要被访者自己填写的问卷，应在问卷中告诉被访者如何填写问卷。填表指导一般可以写在问卷说明中；也可单独列出，其优点是要求更加清楚，更能引起被访者的重视。如填写说明：

问卷答案没有对错之分，只需根据自己的实际情况填写即可。

问卷的所有内容需您个人独立填写，如有疑问，敬请垂询您身边的工作人员。您的答案对于我们改进工作非常重要，希望您能真实填写。

4）调查主题内容

调查主题内容是按照调查设计逐步逐项列出调查的问题，是调查问卷的主要部分。这部分内容的好坏直接影响整个调查价值的高低。

5）编码

编码是将问卷中的调查项目及被选答案变成统一设计的代码的工作过程。如果问卷均加以编码，就会易于进行计算机处理和统计分析。一般情况下都是用数字代号系统，并在问卷的最右侧留出"统计编码"位置。

6）被访者基本情况

这是指被访者的一些主要特征，如个人的姓名、性别、年龄、民族、生源地、所属院系等，这些是分类分析的基本控制变量。在实际调查中，要根据具体情况选定询问的内容，并非多多益善。如果在统计问卷信息时不需要统计被访者的特征，则不需要询问。这类问题一般适宜放在问卷的末尾，如问题不是很私人，也可以考虑放在"问卷说明"后面。

7）访问员情况

在调查问卷的最后，要求附上调查人员的姓名、调查日期、调查的起止日期等，以利于对问卷质量进行监察控制。如果被访者基本情况是放在"问卷说明"的后面，那么访问员情况也可以考虑和被访者的基本情况放在同一个表格中。

8）结束语

结束语一般采用4种表达方式：

①周密式。对被访者的合作再次表示感谢，以及关于不要填漏与复核的请求。这种表达方式既显示出访问者首尾一贯的礼貌，又督促被访者填好未回答的问题和改正有差错的答案。

例如,"对于你所提供的协助,我们表示诚挚的感谢!为了保证资料的完整与翔实,请你再花一分钟时间,翻一下自己填过的问卷,看看是否有填错、填漏的地方。谢谢!"

②开放式。提出本次调查研究中的一个重要问题,在结尾安排一个开放式的问题,以了解被访者在标准问题上无法回答的想法。

③响应式。提出关于本次调查的形式与内容的感受或意见等方面的问题,征询被访者的意见。问题形式可用封闭式,也可用开放式。

④封闭式。你填完问卷后对我们的这次调查有什么感想?

3. 调查问卷设计的注意事项

①先易后难、先简后繁、被调查者熟悉问题在前。问卷的前几个问题的设置必须谨慎,招呼语措辞要亲切、真诚,前面几个问题要比较容易回答,不要使对方难于启齿,给接下来的访问造成困难。

②提出的问题要具体,避免提一般性的问题。一般性的问题对实际调研工作并无指导意义。例如,"你认为饭堂的饭菜供应怎么样?"这样的问题就很不具体,很难达到想了解被访者对饭堂的饭菜供应状况的总体印象的预期调查效果,应把这一类问题细化为具体询问关于产品的价格、外观、卫生、服务质量等方面的印象。

③一个问题只能有一个问题点。一个问题如有若干问题点,不仅会使被访者难以作答,其结果的统计也会很不方便。在问卷中要特别注意"和"、"与"等连接性词语及符号的使用。

④要避免带有倾向性或暗示性的问题。例如,"你是否和大多数人一样认为某某饭堂的菜口味最好?"这一问题带有明显的暗示性和引导性,因此,这种提问是调查的大忌。

⑤先一般问题,后敏感性问题;先泛指问题,后特定问题;先封闭式问题,后开放式问题。

⑥要考虑问题的相关性。同样性质的问题应集中在一起,以利于被访者统一思考;否则容易引起思考的混乱。还要注意问题之间内在的逻辑性和分析性。

⑦提问中使用的概念要明确。要避免使用有多种解释而没有明确界定的概念,问卷中不得有蓄意考倒被访者的问题。

⑧避免提出断定性的问题。

⑨一些问题不要放在问卷之首,如关于被访者的私人资料、令人漠不关心的问题、有关访问对象的生活态度的问题等。

⑩最后问与背景资料有关的问题。必要的时候为了统计和分析的需要,必须问被访者一些背景资料。

3.2 如何举办一场用户调查活动

举办用户调查活动,主要包括以下事项:

①明确调查的目的和任务。目的主要在于获得用户对产品的需求与现有用户使用等方面的信息,为公司调整、完善市场策略提供信息支持。

②确定调查对象和调查单位或场所。确定调查对象和调查单位,可以保证用户调查的顺利进行。

③确定调查内容与项目。

④确定调查表和问卷设计。调查表和问卷设计,如用户对产品的需求调查问卷、竞争对手调查提纲等。

⑤确定调查时间和调查期限。

⑥确定调查方式与方法。

⑦资料整理方案。资料整理方案主要包含:用户数据的整理方案、需求数据的整理方案、编制商家层次划分数列、客户的分类统计、对定性资料的分类归档、对产品的市场普及率统计、市场需求潜力的测定和市场占有率的测定。

⑧确定市场调查进度。

⑨调查组织计划。

⑩撰写调查计划书。

3.3 如何撰写用户调查报告

1. 目录页

一般采用总—分—总或分—总的分享思路,即是什么、为什么、怎么办的方法论。

当然，调查报告的背景介绍肯定需要放在报告前几页，后面才是报告主体内容页，采用方法论分享思路即可。

2．调查报告 PPT 结构介绍

调查报告主要包括以下几个部分：

- 调查背景，即调查目的、调查方法、数据说明。
- 是什么，即调查展示部分。
- 为什么，即调查分析部分。
- 怎么办，即调查结论部分。
- 效果评估，即验证解决方案有效的数据指标。

一般产品经理都会有明确的 KPI，做任何事情都需要 KPI 考核。所以既然此报告产出了大致的解决方案，那么最后一页需要效果评估来说明一些考核 KPI，去验证解决方案的最后效果是有效的。

3．调查目的

（1）说明进行此次调查的目的是什么，是为了解决什么问题，包括简单的调查背景介绍和明确的调查目的。解决某个问题，切忌目的分散，最终导致调查过程中干扰太多，调查效果太差，最终解决不了任何问题。

（2）给本次解决问题设置一个完成率，让调查的目标清晰可见。一般情况下，不能一次性解决掉所有产品问题，所以会分解目标分阶段完成。

4．调查方法

用户取样方法：是有效覆盖样本，还是随机抽取样本。用户取样方法不一样，最终调查报告的数据目的也就不一样。若用户取样为有效覆盖样本，则表示参与调查的人能代表一类人，数据具有说服力。若用户取样为随机样本，则调查报告参与调查的人只能代表一部分人，说明存在问题。

调查形式包括电话访谈、在线问卷、焦点小组等形式。

5．数据说明

- 有效样本数量，即为在参与调查的人数中，筛选不符合要求的样本数，最终留下有效样本数。

- 调查工具，说明使用调查的工具，如电话、某个调查网站等，说明调查工具的可靠性。
- 数据统计，调查之后统计数据的工具，如 Excel、网站统计工具等，说明统计工具和数据可视化的合理性。

6．调查展示

针对调查的所有问题，逐个对用户回答情况进行调查，即针对那些调查问题，用户说了什么，分页介绍每个问题的回答情况。

7．调查分析

针对用户的回答，对调查的问题进行逐一分析。分析出的原因，有用户自己说明的，也有产品经理合理推算的，用这些分析来说明用户回答问题的合理性。调查分析，可对每个问题分页分析。

8．调查结论

最后的调查结论用来说明：通过此次调查你发现了什么事实，以及发生这种事实的原因。结论中，重要的是要采用什么方法去抑制或增加这个事实的发生，即最后给出问题的解决方案。

如果该问题对整个产品的作用是良性的，那么作为产品经理就需要想出解决方案增加该问题的发生。

如果该问题对整个产品的作用是有害的，那么作为产品经理就需要想出解决方案抑制该问题的发生。

解决方案，可分页说明。

本章练习题

一、是非题

1．某新上市产品（项目），在进行了市场细分研究的基础上，下一步工作可为市场定位。　　　　　　　　　　　　　　　　　　　　　　　　　　　（　　）

2．U&A 作为一种消费者研究模型，主要研究指标是消费者使用和购买习惯。
　　　　　　　　　　　　　　　　　　　　　　　　　　　　　　（　　）

二、单选题

1. 提高网站用户流量的方法不包括（　　）。

   A．站内免费引流

   B．站外免费引流

   C．站内付费引流

   D．增加消费用户

2. 财务状况分析包括：注册资本、营业额、利润率、（　　）及其他相关的财务指标等。

   A．负债率　　　　　　　　B．回报率

   C．成本　　　　　　　　　D．收益

三、多选题

1. 企业内部电商市场分析的核心数据指标包括（　　）。

   A．获取用户的渠道和成本

   B．订单成交率

   C．网站用户流量

   D．广告投放回报率

2. 市场定位工作大致会分为哪些部分（　　）。

   A．选择定位概念、建立认知图或价值图

   B．制定有效的定位传达方式及卖点

   C．整合传播组合定位

   D．产品定位

四、问答题

1. 在企业内部，进行电商市场分析主要衡量哪些核心数据指标？

2. 在市场分析中，举办用户调查活动，需要注意哪些事项？

第 4 章

如何进行电商营销数据分析

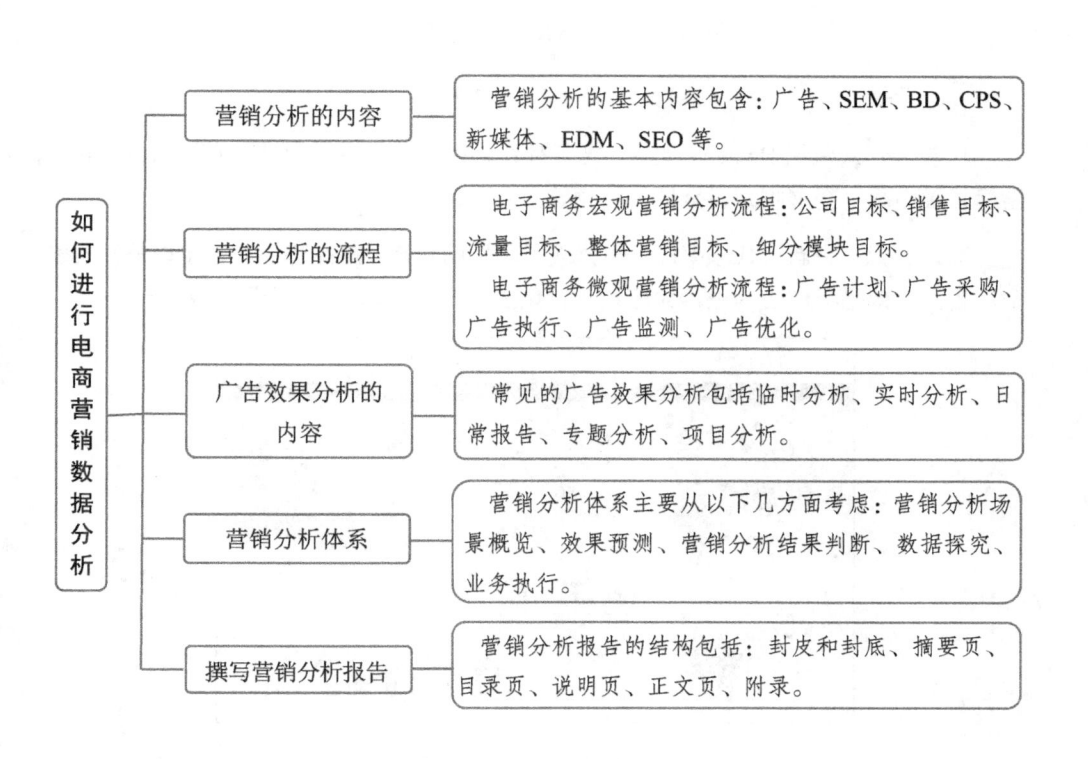

如何进行电商营销数据分析	营销分析的内容	营销分析的基本内容包含：广告、SEM、BD、CPS、新媒体、EDM、SEO 等。
	营销分析的流程	电子商务宏观营销分析流程：公司目标、销售目标、流量目标、整体营销目标、细分模块目标。 电子商务微观营销分析流程：广告计划、广告采购、广告执行、广告监测、广告优化。
	广告效果分析的内容	常见的广告效果分析包括临时分析、实时分析、日常报告、专题分析、项目分析。
	营销分析体系	营销分析体系主要从以下几方面考虑：营销分析场景概览、效果预测、营销分析结果判断、数据探究、业务执行。
	撰写营销分析报告	营销分析报告的结构包括：封皮和封底、摘要页、目录页、说明页、正文页、附录。

第1节　营销分析的内容

电子商务营销分析的基本内容从营销前的媒体规划与效果预测、营销中的异常检测与及时反馈、营销后的结果总结与项目分析入手，服务于广告、SEM、BD、CPS、新媒体、EDM、SEO 等，如图 4-1-1 所示。

图 4-1-1　电商营销分析的基本内容

1. 广告

广告的形式包括 Banner、通栏广告、对联、Button、下拉、背投、弹窗、Text Link、游标、画中画、全屏收缩、全屏、视频等。

普遍特点：更新换代频率高，也体现了网站的特点。除品牌性广告主以外，大多数广告主以效果类广告为主，如流量、转化等。广告展示页面如图 4-1-2 所示。

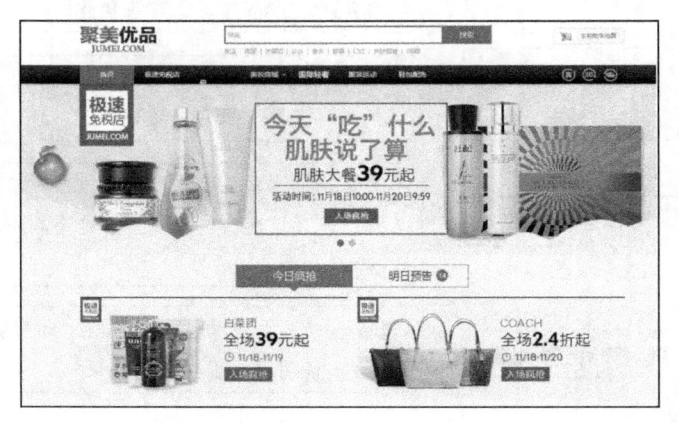

图 4-1-2　广告展示页面

第4章 如何进行电商营销数据分析

网络广告营销效果数据分析指标包括广告展示量、广告点击量、广告到达率、广告二跳率、广告转化率，每个指标的定义如下[10]。

1）广告展示量

①指标名称：广告展示量（Impression）。

②指标定义：广告每一次显示，被称一次展示。

③指标说明：统计周期通常有小时、天、周和月等，也可以按需设定。

④被统计对象包括Flash广告、图片广告、文字链广告、软文、邮件广告、视频广告、富媒体广告等多种广告形式。展示量一般为广告投放页面的浏览量。广告展示量的统计是CPM付费的基础。

⑤指标应用：展示量通常反映广告所在媒体的访问热度。

2）广告点击量

①指标名称：广告点击量（Click）。

②指标定义：网民点击广告的次数，被称为广告点击量。

③指标说明：统计周期通常有小时、天、周和月等，也可以按需设定。

④被统计对象包括Flash广告、图片广告、文字链广告、软文、邮件广告、视频广告、富媒体广告等多种广告形式。广告点击量与产生点击的用户数（多以cookie为统计依据）之比，可以初步反映广告是否含有虚假点击。广告点击量与广告展示量之比，被称为广告点击率，该值可以反映广告对网民的吸引程度。广告点击量统计是CPC付费的基础。

⑤指标应用：广告点击量通常反映广告的投放量。

3）广告到达率

①指标名称：广告到达率（Reach Rate）。

②指标定义：网民通过点击广告进入被推广网站的比例。

---

10 http://baike.baidu.com/link?url=16JZzKsWFgEs0lkleUFBpilZp9zN-RSZl1zsye99OtSTVnmofb4_9yQlMOYUalTJXDnV4VknvJXKnx-AvFiZAq

③指标说明：统计周期通常有小时、天、周和月等，也可以按需设定。

④被统计对象包括 Flash 广告、图片广告、文字链广告、软文、邮件广告、视频广告、富媒体广告等多种广告形式。广告到达量与广告点击量的比值被称为广告到达率，广告到达量是指网民通过点击广告进入推广网站的次数。

⑤指标应用：广告到达率通常反映广告点击量的质量，是判断广告是否存在虚假点击的指标之一。

广告到达率也能反映广告着陆页的加载效率。

4）广告二跳率

①指标名称：广告二跳率（2nd-Click Rate）。

②指标定义：通过点击广告进入推广网站的网民，在网站上产生了有效点击的比例。

③指标说明：统计周期通常有小时、天、周和月等，也可以按需设定。

④被统计对象包括 Flash 广告、图片广告、文字链广告、软文、邮件广告、视频广告、富媒体广告等多种广告形式。广告带来的用户在着陆页面上产生的第一次有效点击被称为二跳，二跳的次数即为二跳量。广告二跳量与广告到达量的比值被称为广告二跳率。

⑤指标应用：广告二跳率通常反映广告带来的流量是否有效，是判断广告是否存在虚假点击的指标之一。

广告二跳率也能反映着陆页面对广告用户的吸引程度。

5）广告转化率

①指标名称：广告转化率（Conversion Rate）。

②指标定义：通过点击广告进入推广网站的网民形成转化的比例。

③指标说明：统计周期通常有小时、天、周和月等，也可以按需设定。

④被统计对象包括 Flash 广告、图片广告、文字链广告、软文、邮件广告、视频广告、富媒体广告等多种广告形式。转化是网民的身份产生转变的标志，如网民从普通浏览者升级为注册用户或购买用户等。转化标志一般指某些特定页面，如注册成功页、购买成功页、下载成功页等，这些页面的浏览量被称为转化量。

广告用户的转化量与广告到达量的比值被称为广告转化率。广告转化量的统计是进行 CPA、CPS 付费的基础。

⑤指标应用：广告转化率通常反映广告的直接收益。

注：上述定义所涉及的广告术语和技术统计方法

（一）术语

（1）CPM（Cost Per Thousand Impressions）：每千次展示费用。根据每 1000 个广告展示量收费。

（2）CPC（Cost Per Click）：每次点击的费用。根据广告点击量收费。

（3）CPA（Cost Per Action）：每次行动的费用。根据广告转化收费，如按每张订单、每个注册用户收费。

（4）CPS（Cost Per Sale）：按广告带来的销售额收费。

（二）技术统计方法

1. Web 日志分析模式

Web 日志分析模式，是指通过分析 Web 服务器日志来获取流量的来源，从而判断用户是否来自广告，并追踪广告用户在网站上进行的操作。当互联网用户在浏览器中打开某一网页时，Web 服务器接受请求，在 Web 日志中为这个请求创建一条记录（数据一般包括页面的名称、IP 地址、客户的浏览器及日期时间戳）。

该模式采用 Web 日志分析，不需要额外在网站上添加代码，不易造成数据缺失。但该模式主要以服务器端数据为分析依据，而不考虑客户端的情况如何，容易造成数据不准确。而且当数据量较大时，很难实时分析数据。

2. JavaScript 标记模式

JavaScript 标记模式，是指通过在被统计对象网站的网页上（包括静态页面、动态页面和基于浏览器的视频播放窗口等）嵌入 JavaScript 监测代码的方式获取互联网用户访问被统计对象网站的信息。互联网用户使用浏览器访问被统计页面时，会同时向监测服务器发送统计信息，监测服务器汇总接收到的浏览器请求数量统计被监测网站或广告的流量数据。

JavaScript 标记模式有利于获取被统计对象网站的全样本（所有被用户访问过的网页和用户在被统计对象网站上的所有访问行为）细节数据。当被统计对象网站数量和行业分布具有一定的规模后，此种模式获取的数据也可以反映互联网行业中观和宏观状况。

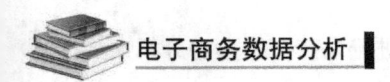

2. SEM

SEM（搜索引擎营销），根据用户使用搜索引擎的方式，利用用户检索信息的机会尽可能地将营销信息传递给目标用户。SEM 是基于搜索引擎平台的网络营销，利用人们对搜索引擎的依赖和使用习惯，在人们检索信息的时候将信息传递给目标客户。

案例：

2009 年 6 月 9 日，全球领先体育用品公司耐克与全球最大的中文搜索巨头百度宣布启动品牌搜索营销合作，这是搜索营销正在成为品牌推广新阵地的又一案例。

耐克（中国）品牌传播总监 Kerri 表示大品牌们正在对搜索进行着新认知和新发现，那就是——搜索已不仅仅是搜索。此次合作，百度为耐克提供了与消费者密切沟通的新方式，同时也是一次成功的营销模式的创新。

与过去单纯的点击衡量营销价值相比，耐克品牌与目标用户间的互动和交流更能俘获忠诚消费者，提升品牌形象，转化为实际购买力。如图 4-1-3 所示，为耐克的官网页面，图文结合，包含了耐克的产品、商城、价格等顾客所需信息。耐克在此关键词的投入得到了可观的效果。

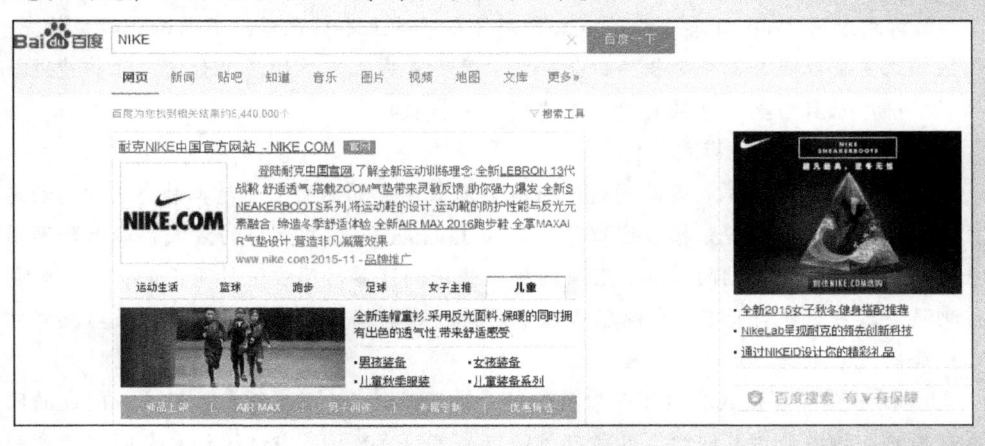

图 4-1-3　耐克官网页面

1）日常数据反馈（基础）

流量相关数据：IP、PV、在线时间、跳出率、新用户比例。

第4章 如何进行电商营销数据分析

订单相关数据：总订单、有效订单、订单有效率、总销售额、客单价、毛利润、毛利率。

转化率相关数据：下单转化率、付款转化率（电话转化率、在线客服转化率）。

营销成本数据：点击数、到达IP、消费、单次点击费用、单个IP费用（百度、Google）。

数据说明：得到以上数据一般靠人工+系统的方式，后期可以开发对接系统，根据需求每日自动导出（可以节省很大的人力，提高效率）。这些数据一定要做到心中有数，最好可以提前对第二天的数据做一个简单的预测（这样可以有效地检测你对数据的预测能力）。

2）每周数据分析和下周策略制订（核心）

用户下单和付款不一定会在同一天完成，但一周的数据相对是精准的，所以我们把每周数据作为比对的参考对象。主要的用途在于，比对上周与上上周数据间的差别，运营做了某方面的工作，产品做出了某种调整，相对应的数据也会有一定的变化，如果没有提高，说明方法有问题或者本身的问题并不在此。

网站使用率：IP、PV、平均浏览页数、在线时间、跳出率、回访者比率、访问深度比率、访问时间比率。

这是最基本的，每项数据的提高都不容易，这意味着要不断改进每一个发现问题的细节，不断去完善购物体验。下面来说明一下重要的数据指标。

跳出率：跳出率高绝不是好事，找出跳出率高的原因才是关键。在一些推广活动或投放大媒体广告时，跳出率都会很高，跳出率高可能意味着人群不精准，或者广告诉求与访问内容有巨大的差别，或者本身的访问页面有问题。常规性的跳出率在于登录、注册、订单流程1～3步、用户中心等基础页面，如果跳出率高于20%，说明存在很多问题，也可以根据跳出率来改进购物流程和用户体验。

回访者比率=一周内2次回访者/总来访者，意味着网站吸引力及会员忠诚度。如果在流量稳定的情况下，此数据相对高一些会比较好，太高则说明新用户开发得太少，太低则说明用户的忠诚度太差，复购率也不会高。

访问深度比率=访问超过11页的用户/总的访问数，访问时间比率=访问时间在10分钟以上的用户数/总用户数，这两项指标代表网站内容的吸引力，数据比率越高越好。

运营数据：总订单、有效订单、订单有效率、总销售额、客单价、毛利润、毛利率、下单转化率、付款转化率、退货率。

3）SEM 投放与时间关系的数据分析

时间区间相关数据，如：

- 国家节假日，特别是周六、周日。
- 根据产品特性、消费和服务群体上网时间，对每天 24 小时进行划分。

营销表现数据：整个时间段 ROI 数值。

我们要分析的内容如下：

- 节假日（含周六、周日）对 SEM 数据表现的影响。
- 低访问量时间段（一般为晚九点到早八点）对 SEM 数据表现的影响。
- 高访问量时间段（上网条件便利的时间段）对 SEM 数据表现的影响。

4）SEM 投放与销售数据的紧密结合

销售相关数据：与关键词对应的产品销售情况、发货目标区域、用户属性等。

我们要分析的内容如下：

- 实时销售产品类别及单品对 SEM 数据表现的影响。
- 产品发货目标地址对整体 SEM 数据表现的影响。
- 产品订购方式对 SEM 数据表现的影响。
- 产品销售目标用户属性对 SEM 数据表现的影响。

3. BD

BD，即商务合作。通过资源互换、商务合作等获得的广告资源如图 4-1-4 所示。

百度·贴吧	新浪·微博	搜狐·热点	腾讯	网易	爱奇艺高清
天猫	凤凰网	淘宝网	免费游戏	4399游戏	新华·人民
京东商城	聚划算	今日特价	hao123影视	汽车之家	去哪儿
东方财富·理财	58同城	搜房网	携程旅行网	PPTV聚力	旅游·12306
聚美优品	赶集网	易车网	彩票开奖	爱卡汽车	美拍
唯品会	同程旅游	途牛旅游网	百度浏览器	太平洋汽车	艺龙网
百度糯米	蘑菇街	hao剁家·学习	陆金所理财	萌主页·动漫	购物·手机
苏宁易购	国美在线	什么值得买	1号店	爱淘宝	携程机票

图 4-1-4　广告资源列表

第 4 章　如何进行电商营销数据分析

4．CPS

CPS（返点型合作），即通过转化（如订单）结算后的返点进行合作。返点型合作图如图 4-1-5 所示。

图 4-1-5　返点型合作图

5．新媒体

新媒体（互动或社交类媒体）主要包括：微信、微博、社区、论坛、博客等。互动或社交类媒体营销如图 4-1-6 所示。

图 4-1-6　互动或社交类媒体营销

6．EDM

EDM，即电子邮件营销。

1）到达率

100 个人的邮件列表并不代表你发送 100 封邮件都可以准确地到达对方的邮箱。一种情况是，对方邮件地址格式不对（如缺少@符号，会直接略过发送）；另一种情况是，地址不存在或邮件被识别为垃圾邮件（硬性弹回）；也有可能对方邮件地址正确，但你的邮件出现在对方的垃圾邮箱中（类似垃圾邮件弹回，对方同样没有机会阅读你的邮件）。邮件出现在垃圾邮箱不会计算在到达率中，但提高到达率是减少后者数量的有效途径。电子邮件营销如图4-1-7所示。

图4-1-7 电子邮件营销

营销者可以根据样本域名测试的方法进行到达率分析。域名测试就是向主要的因特网服务商注册测试邮箱，如Gmail、163、Yahoo、chinaren、新浪、搜狐、Hotmail、MSN，获得种子联系人。

对于企业接收者，营销者还需要对方公司拥有企业域名邮件的内部员工协助，才能做域名测试。之后，营销者通过发送域名测试来统计出哪个域名邮件到达率最高，再分析和到达率相关的问题。

如果借助ESP，整个过程的实现会变得简单很多。通常性能完善的ESP会提供一个域名到达率统计，比较高级的ESP甚至还会提供到达率等级评估的功能，让用户随时监控自己的列表纯净度。如果到达率等级变低，可能意味着营销者的列表地址出现老化或错误。此外，很多垃圾邮件过滤机制及一些桌面端的应用程序会将正常邮件识别为垃圾邮件，因此，到达率降低也可能说明营销者的邮件设计有问题。

通常垃圾邮件过滤机制扫描检查的内容包括邮件标题、内容和格式。

（1）标题：含有"免费"、"特别折扣"、"全额退款"等词语，以及加上很多感叹号的标题是标准的垃圾邮件。

第4章 如何进行电商营销数据分析

（2）内容：一般 HTML 格式的邮件容易被认为是垃圾邮件，因此每封企划准备两种格式（文本和 HTML）是很明智的做法。Emmagic 提供了自动生成两种格式的邮件的功能。此外，营销者还可以在文本邮件中加入显著的链接，让读者查看网页形式的企划。用显著的文字或过渡页面告诉顾客如何加入订阅或取消订阅，可以减少被认为是垃圾邮件的可能性。在列表管理方面，尽可能收集对方常用域名的邮件地址，及时管理"弹回"地址（如对取消订阅和硬性弹回联系人及时清理），或鼓励订阅者将你加入到白名单（如通过发送欢迎邮件的方式让对方将你添加至联系人中），都是很有效的方法。

2）打开率

打开率是一个初步说明问题的指标，但只是"初步说明"，因为"打开"不等于"阅读"。注意，打开率的统计意义在于"纵向趋势分析"，可以对比很多次企划的打开率来获取更精细的商业信息。

另外，很多时候，可能会发现打开率持续下降，但点击率保持上升。这是因为跟踪打开需要在邮件中增加一种隐形的 1 像素 GIF（电邮航标），由于图片被阻止的时候，航标也会被阻止，所以这些邮件无法被追踪。这也意味着对于纯文本文件是无法追踪打开率的。此外，一些手机端用户（Blackberry & Treos）无法显示图片，因此这些用户即使阅读了邮件也不会被计算到打开率中。

打开率的计算还有其他误差，如某些邮件接收端，像 Outlook 会将预览框的阅读也计算到打开率中。

提高打开率的方法如下：

（1）设置一个对方认识的"发件人姓名"。确保发件人包含公司名称或发件人的名称，或产品及服务的名称。选择接收者已经认识的名字（不管是人名、公司名还是产品名），并且重复这个"发件人姓名"，可以保证接收者熟悉你，并让其相信你的邮件来自一个恒定的、可靠的发送者，即使并非同一个人操作。

（2）设置一个有吸引力的标题。标题不要长，一定要到位，说明打开邮件的好处。而且不要用无关的标点，以及让人误解为垃圾邮件的字眼。

（3）目标化。先做一个关于受众的调查，细分你的邮件接收群，把有相似兴趣的邮件接收者收集起来建立新的邮件列表。

（4）考究一下发送日期和时间。有数据显示，邮件在一天的中午及一周的中期（如周三）发送接收效果最好。你可以摸索适合自己的发送时间。

3）点击率

点击率比打开率更重要，也是说明邮件接收者真正参与互动的第一步。有一些邮件服务商会提供点击率/打开率的比例，但这个比例没有点击率准确。因为打开率有水分，可能出现假象的上升现象。

4）取消订阅率

取消订阅数量除以发送量减去弹回量（即实际发送量）即是取消订阅率，通常低于 0.5%。如果这个比率持续上升，说明你的企划发送可能在某一方面出现了问题。例如，邮件列表是否需要定期清理？内容相关性是否太低？发送时间是否有误？这些取消订阅者有什么共同特点？有时候，取消订阅也可能是因为对方邮箱太满，需要个案分析。

5）投诉率

订阅者有时候可能不愿意点击取消订阅按钮，那么对方很可能会直接点击垃圾邮件投诉。如果订阅者向黑名单地址提供方投诉，营销者的发送 IP 地址会被彻底封杀。面对这种情况，如果营销者不借助 ESP，很难自己统计。对于已经投诉的订阅者，营销者需要及时处理，查出原因，以保证发送 IP 地址的到达率。

7．SEO

SEO（搜索引擎优化）是一种利用搜索引擎的搜索规则来提高目前网站在有关搜索引擎内的自然排名的方式。例如，搜索"小米"，其中不带"推广"字样，或者包含"百度快照"字样的链接，如图 4-1-8 所示。

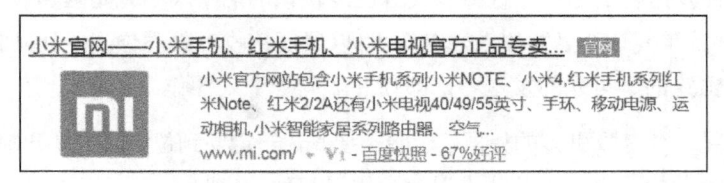

图 4-1-8　搜索引擎优化示例

第 2 节 营销分析的流程

电子商务的营销分析流程如下。

1. 电子商务宏观营销分析流程

电子商务宏观营销分析流程如图 4-2-1 所示。

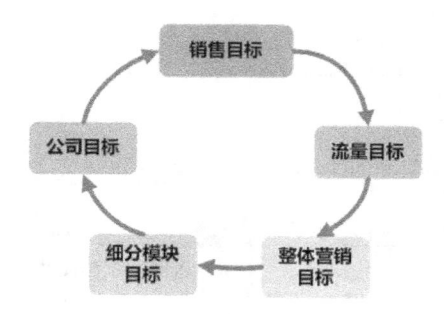

图 4-2-1　电子商务宏观营销分析流程

2. 电子商务微观营销分析流程

电子商务微观营销分析流程如图 4-2-2 所示。

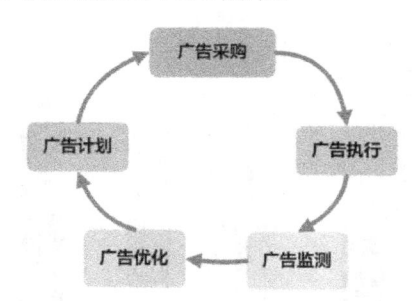

图 4-2-2　电子商务微观营销分析流程

3. 营销工作的微观基本流程

营销工作的微观基本流程如图 4-2-3 所示。

图 4-2-3　营销工作的微观基本流程

投放广告前：预测广告在一定条件下的广告效果或达成，协助广告目标的制订。投放广告前流量分析图如图 4-2-4 所示。

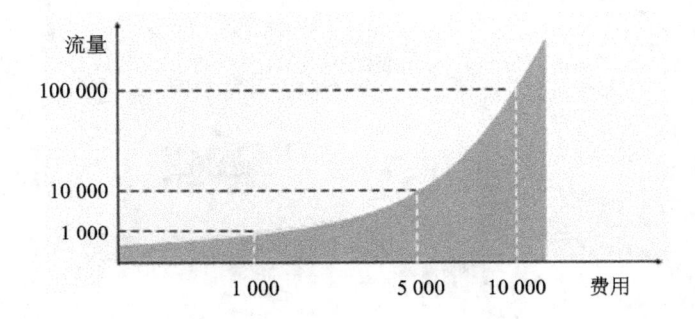

图 4-2-4　投放广告前流量分析图

投放广告中：实时监控广告效果，及时识别意外广告事故或恶意流量，如图 4-2-5 所示。

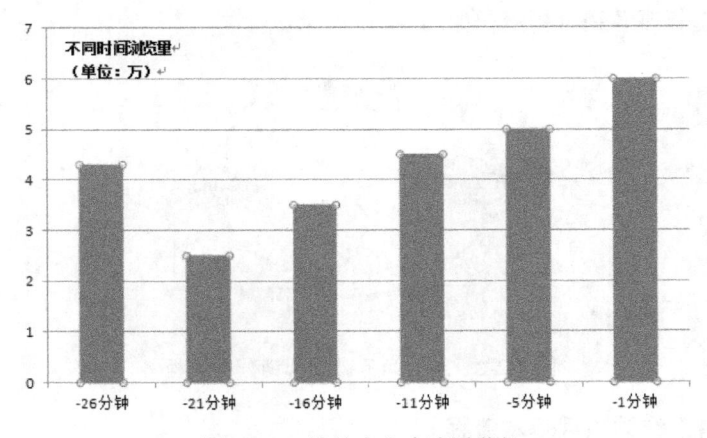

图 4-2-5　投放广告中流量监控

投放广告后：对网站流量进行分析，包括用户的网购习惯、喜好等，如图 4-2-6 所示。

> - 他们是谁？
>   - 25-34岁
>   - 94%身处一、二线城市
>   - 本科、研究生以上学历
>   - 收入万元以上
> - 他们的网购习惯？
>   - 搜索引擎和导航是其主要入口
>   - 购物倾向更多的在家电和厨卫电器材类
>   - 较高的访问频率
>   - 具备丰富的上网经验，频繁访问于多个电商网站
> - 他们的喜好？
>   - 对于物流配送速度和网站用户体验的要求较高
>   - 大多数用户会因为社交网站的分享而产生购买兴趣
>   - 会因为差评、无优惠积分及物流慢导致其放弃购买
>
> 群体占比28.9%

图 4-2-6　投放广告后流量分析

第 3 节　广告效果分析的内容

所有的广告效果分析的最终落地通常都是书面性的图文，如邮件、报告等。

常见的分析包括：

- 临时分析。
- 实时分析。
- 日常报告。
- 专题分析。
- 项目分析。

1. 临时分析

（1）处理原则。对待临时需求，既要兼顾临时需求的紧迫性和重要性，又要保证日常工作的正常开展，但不可把过多时间浪费在临时需求处理中。

（2）处理方法。对于临时需求中的规律性工作，可合并到日常工作中；对于其中必须处理的部分，可根据其时间要求与工作量安排输出周期；而对于没有必要处理的需求，坚决予以驳回。

小提示：临时需求分 3 种类型：必须且紧急、必须但不紧急、不必处理。前两类工作是需要处理的工作；而第三类工作可通过针对性培训和指导、开放数据权限等方法"授之以渔"。

2. 实时分析

实时分析不是针对所有场景都能发挥作用，而是有特定的作用范围：

（1）可监测的业务效果。实时分析发挥作用的前提之一是有数据支持，这要求数据既要可控于企业内部，又要可测量。例如，企业在电视媒体上投放的广告由于不可测量而无法提供实时数据支持。

（2）可实时反馈的数据。实时分析的第二个关键点是数据可以实时更新，实时数据支持的基础频率是分钟和秒，某些场景下的按小时或天更新频率无法满足实时分析的需求。

（3）可优化的业务节点。可优化是实时分析的输出关键，这意味着实时分析的结果输出后，业务方可针对性地改善和优化；如果实时监测的业务无法进行优化操作，那么实时分析的价值将大打折扣。

（4）固定投放类渠道。固定投放类渠道包括包段投放的广告、固定购买的网址导航、商务合作的友情链接、SEM 品牌区等，这些渠道的特点是媒介合作类型固定，缺乏优化空间。如网址导航的媒介购买，通常是季度投放，这导致实时分析无法落地。

（5）资源紧俏类渠道。虽然当前可供选择的广告媒介数量非常多，但流量高、效果好的媒介仍然集中于少数媒介。在这种背景下，业务团队执行的第一要务仍然是抢夺投放资源和排期，实时分析是没有必要的。

3. 日常报告

日常报告按频率和数据时间范围可分为小时报（重大业务动作下，如店庆、周年庆）、日报、周报、季报、半年报和年报。

日常报告的特点是针对一定周期的数据进行汇总和统计，以便获得关于整体和细分数据的趋势和变化；日常报告通常采用相同的输出框架和模板，因此呈现出程式化、常规化和周期性的特点。

日常报告的内容需要在常规化的前提下做出特色，内容是最重要的一个方面，以下是针对日常报告中内容的 3 个建议：

（1）关注整体趋势。周期性报告一定要有关于整体趋势的定论，对比、环比、定基比都是比较好的趋势观察方法。关于整体趋势的变化结论，除了描述涨落以外，还需要确定涨落异常；另外，确定标杆值也是日常数据描述的重要途径和参照点。

（2）关注重要事件。报告周期内的重要事件是汇报对象普遍关注的模块，因此有必要将重要事件的数据及对整体的影响做简要分析。

（3）关注潜在因素。除了整体数据外，作为数据分析师，一定能通过数据发现报告周期内的潜在因素，该因素可能是与整体趋势相近或相反的，但对整体可能产生重要影响的业务节点。

4．专题分析

专题分析的作用对象是营销中心或营销部门，围绕特定专题或观点进行数据专项挖掘或分析。

（1）按业务模块进行划分，专题分析包括广告类专题分析、SEM 专题分析、新媒体专题分析、商务合作专题分析、SEO 专题分析、会员营销专题分析和 CPS 专题分析等。

（2）按每个业务模块都需要按周期进行划分来划分，专题分析包括月度专题报告、季度专题报告、年度专题报告等。

5．项目分析

项目分析通常是基于跨中心的主题需求或基于整体营销需求而产生的专项数据分析，它是更偏全局性的一类专题分析工作。

项目分析根据服务对象通常可分为两部分：

（1）服务于营销高层领导的专项分析，包括营销中心负责人及更高级别领导，如 SVP、CMO、CEO、COO 等。此类主题通常是营销结构优化、营销费用预测、最优营销费用与收益分析等，目的是用来辅助企业决策层做营销决策。

（2）服务于公司其他中心的专题分析，通常是跨中心级的数据协作，如针对公司级大型促销活动的整体分析，除营销分析外，还包括运营分析、商品分析、订单分析、仓储库存分析、物流配送分析、客户服务分析等。跨中心的项目分析的目的是满足公司内部多部门协作分析的需求。

项目分析和专题分析都是针对特定主题的深入研究，且都是通过数据分析和数据挖掘发现潜在价值的辅助决策形式。但二者在服务对象、作用范围和时间花费上差异较大：

（1）服务对象不同。项目分析服务于公司领导层或平行中心；专题分析服务于营销体系内部。

（2）作用范围不同。项目分析可作用于企业其他运营环节，甚至是领导层决策；专题分析作用于营销内部的执行层。

（3）时间花费不同。项目分析因涉及面广、调用资源多，因此需要更长的处理周期，通常以月为单位；专题分析由于处于同一中心内部，沟通和协作更为方便，因此花费时间较少，通常以周为单位。

第4节 营销分析体系

4.1 营销分析场景概览

营销分析场景概览如图 4-4-1 所示。

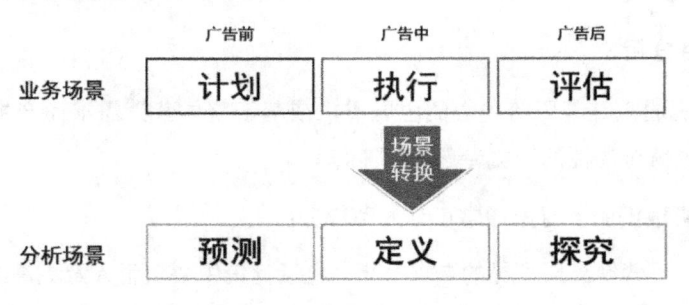

图 4-4-1 营销分析场景

4.2 效果预测

1. 效果预测的含义

效果预测是对未来的预估和推断，常被应用在业务执行前的计划和评估阶段。

常见场景如下：

- 未来一个月内，商品价格会下降 20%。
- 本次促销活动预计响应率会达到 80%，带来 300 万元订单收入。
- 预计下周会员活跃度会从一般活跃上升到非常活跃。
- 预期下个月网站日均流量会在 300 万～500 万 PV。

2．效果预测的类型

1）正向效果预测

正向效果预测通常是基于已知事实 X 推导未知事实 Y，即从前到后的正向预测。常用于制订 KPI、战略目标、战术目标等业务场景中。如：

- 广告部门掌握了 50 万元预算，预期能带来多少 UV？
- 公司现有 5000 万名会员，预计 1 年后会流失多少会员？

2）负向效果预测

负向效果预测场景通常是基于已知事实或目标 Y 反向推导过程事实 X，属于从后向前的预测。这种场景应用的前提是已经掌握目标信息，在业务规划时预测达成目标所需的资源和投入情况。如：

- 全站本月的目标是 3000 万 UV，需要投入多少广告费用？
- 未来 7 天内的订单目标是 400 万元，预计备货多少？

3．效果预测常用方法

1）定性预测

定性预测是业务结合历史经验进行预测的一种方法，包括：

- 定性预测——同比法。
- 定性预测——环比法。
- 定性预测——平均数法。

2）时间序列预测

时间序列预测是根据时间进行预测的一种方法，包括：

- 时间序列——指数平滑法。
- 时间序列——移动平均法。
- 时间序列——ARIMA。

3）因果关系预测

因果关系预测方法中最常用的是回归分析，包括：

- 指数回归。
- 线性回归。
- 多项式方程回归。
- 对数回归等。

4）特征关系预测

特征关系，即通过控制对结果影响较大的过程要素来控制结果。常见的特征关系包括决策树、决策列表等数据挖掘方法。

特征关系预测常用于业务方可以控制对结果产生影响的关键因素，进而预测结果。预测结果通常是一个类别或区间，如是否响应（响应是指是否符合业务的预测订购、试用、下单、注册等目标）。

4.3 营销分析结果判断

1．含义

它主要对正在发生的现在和已经发生的过去做出结果判断，以评估结果是否符合预期或存在异常情况。

营销分析结果判断并不是简单地定义结果是好还是不好，而是要进一步定义所谓的"好"或者"不好"属于正常还是异常情况。例如，"昨日订单比前日增长 20%"只是数据陈述，并非结论定义。

2．场景

营销分析结果判断最常应用的场景是业务状态进行时和业务状态完成后。它除了可以做业务效果评估外，还为原因解析和数据探究提供了方向。如：

- 昨日订单量超过 30000 单,超过正常水平 230%。
- 过去的 1 小时内流量突然下降了 75%,这是一个异常的预警信号。

3. 类型

数据分析结论有以下 4 种类型,如图 4-4-2 所示。

- 引起关注的正向值。
- 正常波动的正常值。
- 正常波动的负向值。
- 引起预警的负向值。

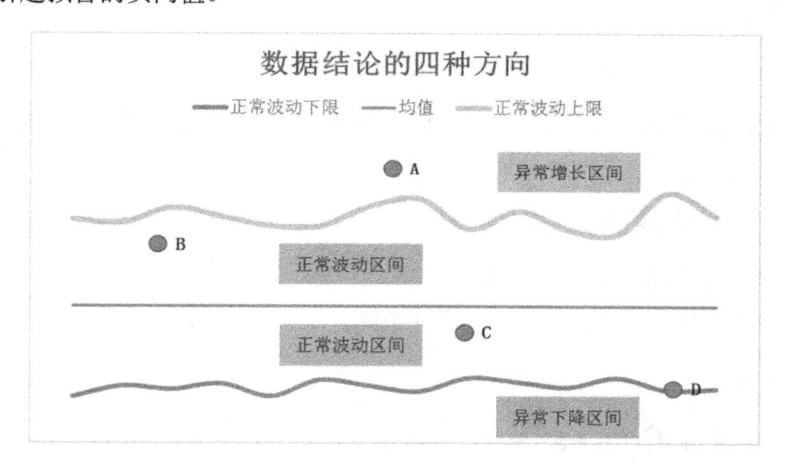

图 4-4-2　数据结论的 4 种方向图

4. 存在误区

- 把数据陈列当作数据结论,如"网站访问量增长比例较大且超出正常波动范围,需要相关部门关注"和"网站访问量环比增长 33%"。
- 数据结论产生于单一指标,如"昨日全站订单量提升 20%"并不意味着全站销售效果提升,还需要根据客单价、实际妥投率等做综合评估。
- 由数据立场扭曲的数据结论。立场决定解读。

5. 基本方法

- 基于对比。同比、环比、定基比等,对比数据为平均值或总值。
- 基于统计。如正态分布(高斯分布)。

4.4 数据探究

1. 含义

数据探究指对数据进行探索和研究，以便发现进一步的数据观点和数据洞察。

数据探究是挖掘数据深层次原因和关系的关键动作，也是数据论证的主要过程，表现在数据结果中大多是数据论证过程。

数据探究是项目类、专题类数据分析和数据挖掘报告及项目的核心部分。

2. 类型

1）基于已知结论的数据探究

基于已知结论的数据探究，即围绕已知结论进行数据分析和挖掘，以找到导致结果发生的原因。

2）基于未知结论的数据探究

基于未知结论的数据探究是拓展业务知识的重要途径，相比基于已知结论的数据探究，该过程更侧重于"是什么"的工作范畴。

3. 方法

1）数据探究的分析方法——细分分析

细分分析是网站分析的基本方法，也是数据分析的基本思路。细分分析的过程是对整体数据进行拆分，然后找到影响整体的主要局部因素。

举例：昨日访问量环比增长20%，主要由哪些渠道导致？进行分析时，只需要将来源渠道进行细分即可。

2）数据探究的分析方法——漏斗分析

漏斗分析是网站分析的基本方法，它将流程中的特定关键点进行归纳并进行逻辑排列。典型应用场景如注册流程、购物车流程等多页面流程及表单等单页面的多个步骤。

3）数据探究的分析方法——路径分析

路径是用户先后行为基于时间的统计结果。如用户先做了 A 事件，后做了 B 事件，最后做了 C 事件，那么用户就完成了一套 A→B→C 的事件路径。

路径分析可广泛应用于站外流量来源分析、站内页面浏览分析、站内不同事件分析等。

4) 数据探究的分析方法——相关性分析

相关性分析指对多个具备相关关系的变量进行分析，从而衡量变量间的相关程度或密切程度。相关性分析可以应用到所有数据的分析过程中，因为任何事物之间都存在一定的联系。

相关性不等于因果关系，不可用相关的事物代替因果关系来分析。

相关性分析的意义在于了解多个事物之间协同发生的关系。

4.5 业务执行

1. 含义

用于业务执行的数据分析指数据分析结果可以直接被业务使用。这类场景常见于业务有明确的行动目标，但需要找到一定特征的数据要素作为业务执行的参照。

2. 类型

1) 明确的业务执行规则

明确的业务执行规则指数据规则可直接被业务使用。

2) 模糊的业务执行规则

模糊的业务执行规则指数据分析结果未提供详细的动作因素，仅指明了下一步的行动方向或目标。

3. 方法

1) 热力图分析

热力图分析是网站分析的重要方法，该方法的主要作用是分析单个页面内的点击分布。热力图中基于像素的热力图分析可以将页面内的点击以图形热点的方式表现出来，尤其是对于页面内无连接的区域，具有重要的参考价值。

热力图分析常用于提取单页面内的重要访问特征，如点击集中度、功能使用率等情况，通过发现用户集中点击区域为业务行动指明方向。

2）关联模型分析

关联模型分析广泛应用于购物篮分析、站内页面浏览分析、站外渠道来源分析、关键字搜索分析、产品查看分析等，回答的问题类似于"发生了 A 之后，还会发生 B 还是 C"或者"通常 A 和 B 还是和 C 一起发生"。

3）决策树模型分析

决策树模型也是典型的可应用到执行建议中的一类分析方法。模型中的结果包含执行规则、执行样本量、预期执行后的效果等业务必备要素。

上述关联模型从"商品"的角度提取了业务行动的规则，现在使用决策树模型从"人"的角度提取规则，即要实现特定营销目标，应该针对哪些人开展行动，可实现 If…then 的条件归纳。

4）异常值处理分析

异常值处理分析是面对海量数据时，提取具有异常特征数据的重要方法，常用于异常订单识别、风险客户预警、黄牛识别、贷款风险识别、欺诈检测、技术入侵等针对个体的分析场景。

异常检测结果并不意味着被检测出来的数据一定是异常的，它仅提供可能存在异常的样本，仍需要业务进一步验证。

第 5 节　撰写营销分析报告

营销分析报告区别于日常报告的一个重要特点是，营销分析报告是围绕某个特定领域展开小而精的深入研究，而日常报告则侧重于某个周期大而全的概要分析。

营销分析报告的结构如下：

（1）封皮和封底。每个公司都有自己的封皮和封底模板。

（2）摘要页。摘要页是对报告中内容的概述，方便领导层直接了解报告内容而无须阅读整个报告。

（3）目录页。如果报告内容过多，则需要通过目录页告诉阅读者本报告包括哪些内容。

（4）说明页。关于报告中数据时间、数据粒度、数据维度、数据定义、数据计算方法和相关模型等内容的特殊说明，目的是增强报告的可理解性。

（5）正文页。正文页是报告的核心，通常使用总—分—总的思路撰写报告。作为日常报告，除了数据陈列外，一定要有数据结论；而对于数据结论的挖掘，可根据阅读者的需求自行安排并酌情添加。

（6）附录。如果报告存在外部数据引用、原始数据、数据模型解释等，建议作为附录放在报告最后。

本章练习题

一、是非题

1. 所有广告效果分析的最终落地通常都是书面性的图文，如邮件、报告等。（   ）

2. 因果关系预测常用于业务方可以控制对结果产生影响的关键因素，进而预测结果。（   ）

二、单选题

1. 不属于效果预测方法的是（   ）。

A．效果评估　　　　　　　　B．定性预测

C．因果关系　　　　　　　　D．特征关系

2. 将网站流程中的特定关键点进行归纳并进行逻辑排列的数据探究的分析方法是（   ）。

A．细分分析　　　　　　　　B．漏斗分析

C．路径分析　　　　　　　　D．相关性分析

三、多选题

1. 广告效果分析常见的方法包括（   ）。

A．临时分析　　　　　　　　B．实时分析

C．日常报告　　　　　　　　D．专题分析

2. 实时分析作为广告效果分析的方法，主要针对的场景是（   ）。

A. 可监测的业务效果 B. 可实时反馈的数据

C. 可优化的业务节点 D. 固定投放类渠道

E. 资源紧俏类渠道

四、问答题

如果你是数据分析员，需要撰写营销分析报告，应该怎样撰写？

第 5 章

如何进行电商网站运营数据分析

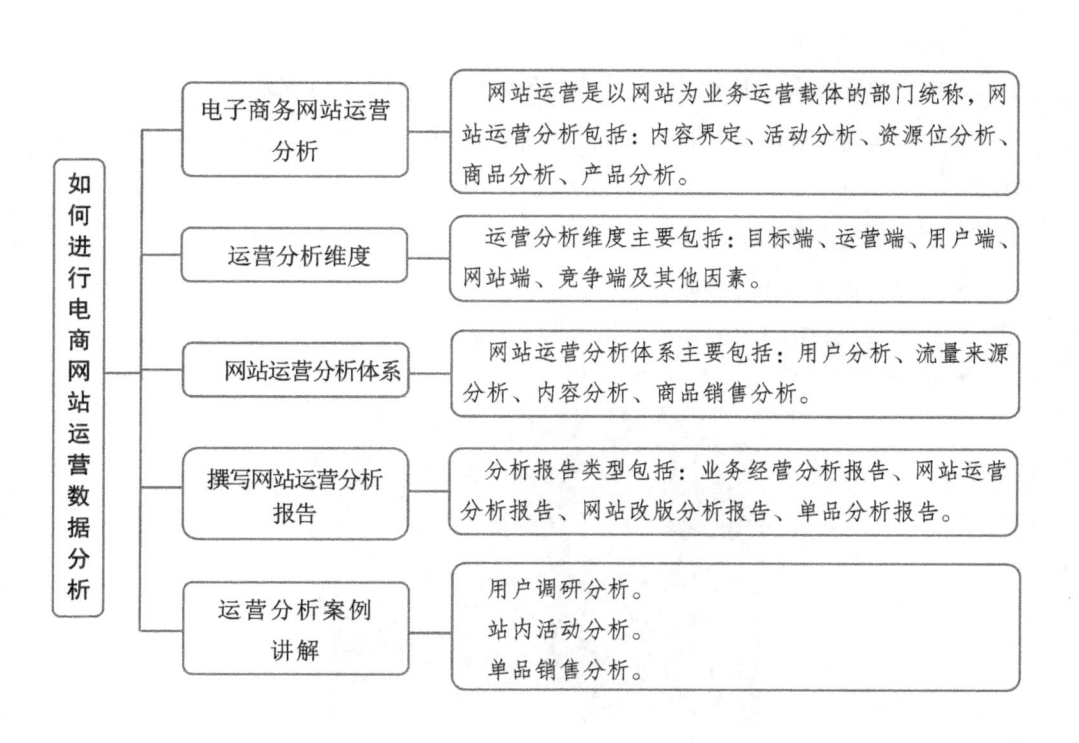

如何进行电商网站运营数据分析	电子商务网站运营分析	网站运营是以网站为业务运营载体的部门统称，网站运营分析包括：内容界定、活动分析、资源位分析、商品分析、产品分析。
	运营分析维度	运营分析维度主要包括：目标端、运营端、用户端、网站端、竞争端及其他因素。
	网站运营分析体系	网站运营分析体系主要包括：用户分析、流量来源分析、内容分析、商品销售分析。
	撰写网站运营分析报告	分析报告类型包括：业务经营分析报告、网站运营分析报告、网站改版分析报告、单品分析报告。
	运营分析案例讲解	用户调研分析。 站内活动分析。 单品销售分析。

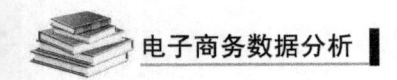

第1节　电子商务网站运营分析

1.1　内容界定

网站运营是以网站为业务运营载体的部门统称，通常包含网站运营、活动运营、用户体验、产品设计、在线销售等部门。网站运营分析内容界定如图5-1-1所示。

活动分析　　资源位分析　　商品分析　　产品分析

图 5-1-1　网站运营分析内容界定

1.2　活动分析

为什么要搞活动？

从电商角度来看，促销活动已经成为各电商销售的主要方式之一。

从用户角度来看，大多数用户已经习惯于无活动不销售。电商活动图如图 5-1-2 所示。

电商活动的类型如下：

- 自身店庆（每个商家）。
- 行业巨头店庆（行业巨头，如京东、天猫）。
- 传统节假日（"五一"、妇女节）。

图 5-1-2　电商活动图

第 5 章　如何进行电商网站运营数据分析

案例：

2015 年电商年度大戏"双 11"完美结束，天猫以 912.17 亿元的交易额再创新高。

不知不觉已经过去 7 个"双 11"了，2015 年天猫"双 11"更是推陈出新，将主场放在北京，联合湖南卫视举办"双 11"倒计时晚会，使其全球化（包括全球买和全球卖）。

用数据回顾天猫"双 11"的 7 个年头，那些数据见证了"双 11"的全民狂欢。

- 2009 年（萌芽，商家雾里看花）：天猫商城"双 11"销售额为 0.5 亿元。
- 2010 年（初见锋芒）：销售额提高到 9.36 亿元。
- 2011 年（抢占阶）：天猫"双 11"的销售额已跃升到 33.6 亿元。
- 2012 年（预售狂欢）："双 11"当日支付宝交易额实现飞速增长，达到 191 亿元，其中包括天猫商城 132 亿元、淘宝 59 亿元；订单数量达到 1.058 亿笔。
- 2013 年 11 月 11 日（分钟过亿）：总交易额为 350.19 亿元。
- 2014 年 11 月 11 日（百亿新纪录）：支付宝全天成交金额为 571 亿元，移动占比 42.6%。
- 2015 年 11 月 11 日（全民狂欢，移动盛宴）：天猫"双 11"全球狂欢节全天交易额达 912.17 亿元，其中无线交易额为 626.42 亿元，无线成交占比为 68.67%。

2015 年的"双 11"，既是天猫刷新纪录的日子，又是天猫的"七年之痒"。7 年的时间，天猫成长为真正的"双 11 金猫"。数字证明了一切！

1.3　资源位分析

什么是资源位？

资源位，即网站上用来达成一定目标的位置或资源形式。例如：

（1）焦点图，如图 5-1-3 所示。

图 5-1-3　焦点图

（2）文字链，如图 5-1-4 所示。

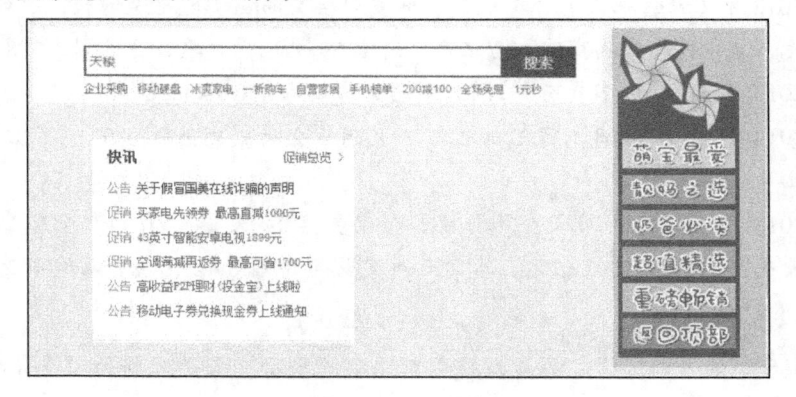

图 5-1-4　文字链

（3）活动区，如图 5-1-5 所示。

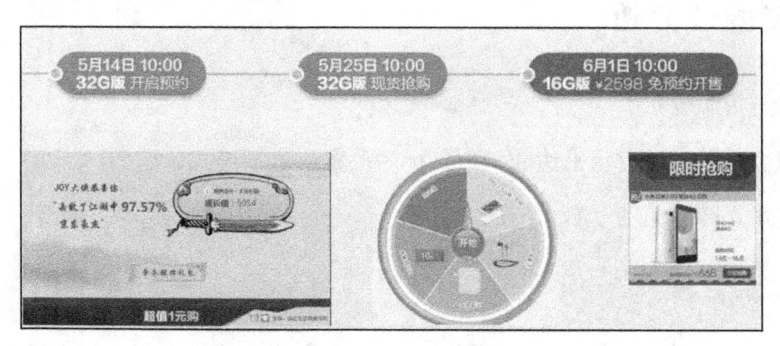

图 5-1-5　活动区

第 5 章　如何进行电商网站运营数据分析

（4）推荐位，如图 5-1-6 所示。

图 5-1-6　推荐位

（5）商品位，如图 5-1-7 所示。

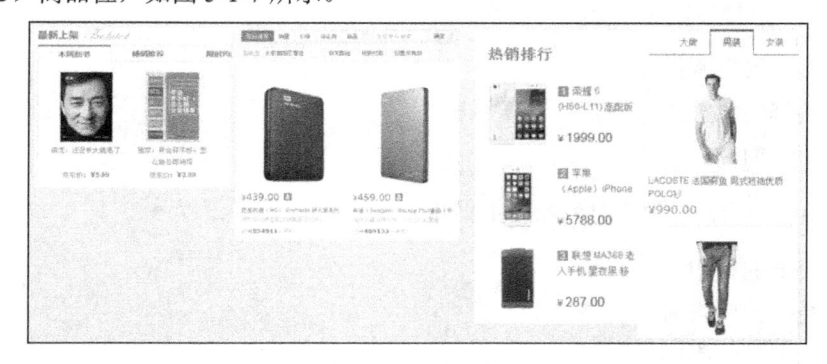

图 5-1-7　商品位

（6）广告区，如图 5-1-8 所示。

图 5-1-8　广告区

103

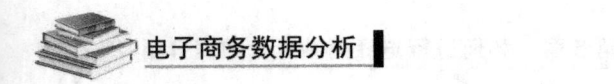

1.4 商品分析

商品分析主要是围绕商品查找、浏览、购买的整个流程分析，如图 5-1-9 所示。

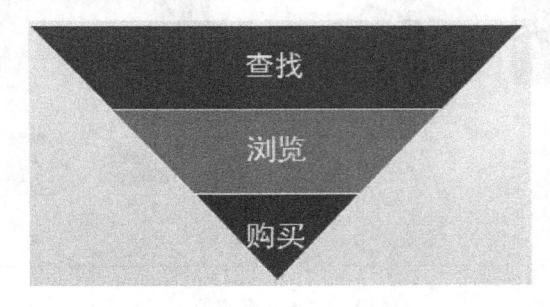

图 5-1-9　商品分析流程

查找——如何让商品更容易被找到？

- 更多的资源位。
- 更好的位置。
- 更长的时间。

浏览——如何让用户对商品产生兴趣？

- 更低的折扣。
- 更好的广告语。
- 紧迫的时间感。
- 更好的存在感。

……

购买——如何让用户顺利地下单购买？

- 尽量少的流程。
- 合理的功能设计。
- 良好的购物逻辑。
- 丰富的支付选择。
- 良好的页面体验。

……

第 5 章　如何进行电商网站运营数据分析

1.5　产品分析

产品分析也称为用户体验分析，实际上包含产品和功能设计分析及用户体验分析两部分。

产品分析一般包含三类，具体如下。

- 点：产品功能分析。
- 线：产品流程分析（见图 5-1-10）。
- 面：产品整站分析（见图 5-1-11）。

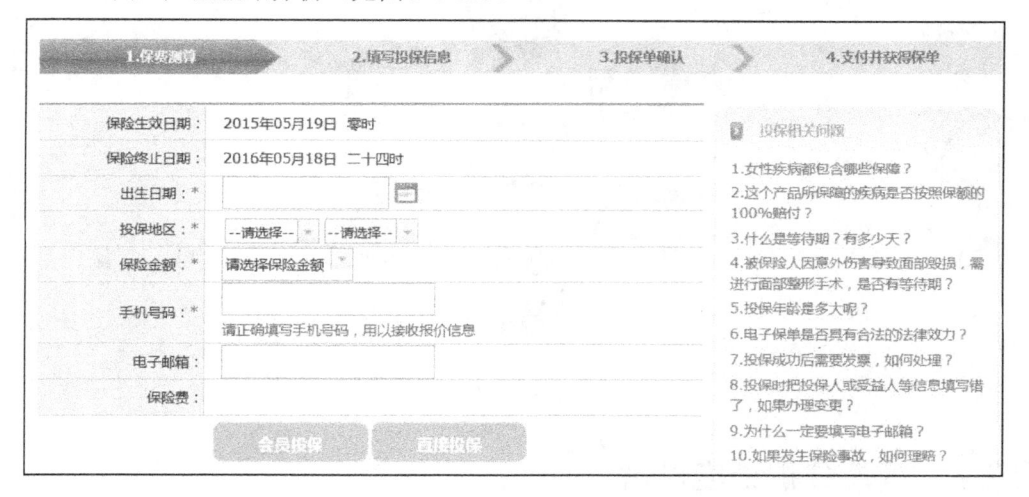

图 5-1-10　产品流程分析

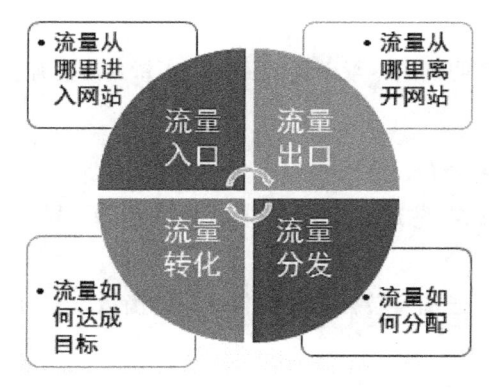

图 5-1-11　产品整站分析

105

第 2 节　运营分析维度

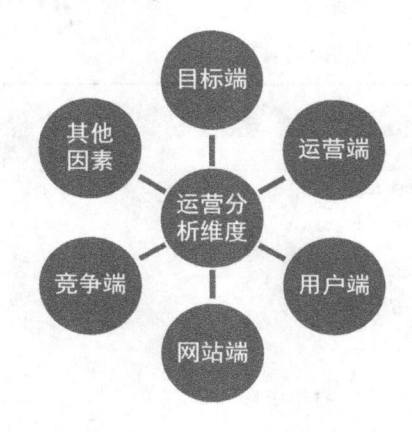

2.1　运营分析维度图示

运营分析维度图示如图 5-2-1 所示。

图 5-2-1　运营分析维度图示

2.2　运营分析维度详解

1．目标端

网站运营通常具有明确的、可衡量的目标，衡量角度涵盖流量、用户、转化，具体如下。

- 流量：站内流量分布、流程行为的衡量。
- 用户：用户登录、注册、特殊事件（如预定、下载、试驾、投保等）的衡量。
- 转化：通常是电子商务转化，即销售达成的衡量。

2．运营端

网站运营分析主要应关注两方面：

（1）宏观层面，关注整体资源分配、流程完善和资源整合。宏观层面分两个维度：

- 网站运营环节与公司其他环节的横向分析，即关注不同部门间的协作、整合关系。
- 网站运营自身流程的纵向分析，即不同运营事件之间的关联影响及流程优化。

（2）微观层面，关注运营本身的要素、细节和过程。

- 资源类型：广告位、商品位、活动位、资讯位等站内资源，还可能包括会员通道、资源互换、联合运营等站外资源。
- 资源排期：所有资源位的排期，起始时间、跨越时间长度；尤其是重要节假日的排期，如春节、"十一"等国家法定节假日，周年庆等企业节日，"6·18"、"双11"等电商节日等。
- 运营内容：每种资源位上架的内容、类型等要素。
- 促销卖点：运营内容上可能引起用户关注的要素，如降价、折扣等；促销手法，如关联销售、打包促销和组合销售等。
- 资源位效果：不同资源位有不同的引流效果，重点关注大型流量页面及资源位，如首页、焦点图、横幅等。
- 资源位布局：同一页面中多个资源位之间的相互影响关系，焦点图、顶部导航资源的利用率分析。
- 资源位组合：不同资源位置和内容之间的相互关系，重点是优势资源+劣势内容、劣势资源+优势内容的组合分析。

3．用户端

用户端的分析维度同样包括用户属性和用户行为，在此重点介绍用户行为分析的特殊维度。

1）用户群体细分

不同的用户具有明显的行为区别，运营分析中会强调用户群体细分。除了基于人口属性、事件和行为的划分外，还需要把时间和序列因素纳入群体分析过程中。

2）用户喜好特征

- 单元素行为——点击热力图、页面事件、表单、媒体播放等，通过对关键元素点击统计获得用户的喜好特征。

- 单页面行为——来源渠道及促销卖点、进入页面、退出页面、浏览最多的页面。通过这些页面的浏览量、停留时间等数据，可以发现用户是否具有明显的目标或兴趣。
- 多页面行为——行为流路径、页面关联模型。通过路径和关联发现用户是否具有明显的路径特征，如果用户频繁访问两个类似的商品，说明用户可能在做商品对比。
- 多访次行为——用户生命周期内的行为。将上述用户行为的定义区间扩大，不仅看单个访问内的行为，还将多个访问做关联特征分析。

4．网站端

网站端除了关注着陆页设计、关键表单设计和站内流程外，还会关注网站本身对活动的影响。

（1）高并发下的网站IT支持。在高并发的情况下，网站服务器会无法正常访问，甚至会出现宕机的情况，这会直接导致某些关键行为，如登录、注册、提交订单等无法完成。

（2）活动促销功能设计问题。网站运营过程中为实现运营目标，通常需要IT部门设计新功能以满足特殊活动需求，如抽奖、转盘等特殊道具及大型站内游戏等。针对这些环节，需要做如下分析：

- 活动游戏参与度分析。
- 活动任务难度分析。
- 活动道具分析。

5．竞争端

竞争对手的网站运营同样会对企业内部运营产生重大影响。

（1）从宏观角度来看，需要分析竞争对手的运营策略、定价策略、排期策略、营销策略等，以便制定针对性的实施方案。

（2）从微观角度来看，竞争对手的网站上存在的显性因素，如产品价格、库存、销量、活动时间、参与商品、促销策略等，很可能成为我们可以利用的突破点。

6．其他因素

（1）新资源扶持：某企业的核心竞争优势是3C商品，为了支持图书和音像业务的发展，网站导航中将"图书、音像、数字商品"品类调整到第一的位置。

（2）测试性投入：主打大家电品类的企业，测试性地投入资源建立超市类业务。

第 3 节　网站运营分析体系

3.1　用户分析

会员分析：新会员注册、新会员购物比率、会员总数、所有会员购物比率。

概括性分析会员购物状态，重点在于本周新增了多少会员，新增会员购物比率是否高于总体水平。如果你的注册会员购物比率很高，那引导新会员注册不失为提高销售额的好方法。会员复购率一般分为：1 次购物比例、2 次购物比例、3 次购物比例、4 次购物比例、5 次购物比例、6 次购物比例。

转化率体现的是 B2C 的购物流程、用户体验是否良好，也可以称为外功。复购率则体现 B2C 整体的竞争力，绝对是内功，这包括知名度、口碑、客户服务、包装、发货单等每个细节。好的 B2C 复购率能做到 90%，没有复购率的 B2C 绝对没有任何前途，所以这也能够理解为什么很多 B2C 愿意花大钱去投门户广告，为的就是获取用户的第一次购买，从而获得长期的重复购买。但某些 B2C 购物体验做得不好，花大钱砸广告，这纯属烧钱行为。

运营的核心工作，一方面是做外功，提高转化率，获取消费者的第一次购买行为；另一方面是做内功，提高复购率。所以 B2C 是一门综合学科，做好每门功课不容易，也正是依靠每个细节，才奠定了 B2C 发展的基石。

3.2　流量来源分析

流量来源分析通常用 Google Analytics，统计的数据比较详细。流量来源分析最重要的意义是：

（1）监控各渠道转化率。这是运营的核心工作，针对不同的渠道做有效的营销，IP 代表着力度，转化率代表着效果。

（2）发掘有效媒体。转化率的数据让我们很清晰地了解到哪种渠道转化效果好，那么以此类推，同样的营销方式，用在同类的渠道上，效果也差不到哪去，BD或广告就可以去开发同类的合作渠道，复制成功经验。

流量分析是为运营和推广部门指导方向的，除了转化率外，浏览页数、在线时间也是评估渠道价值的指标。

3.3 内容分析

内容分析主要有两项指标：退出率和热点内容。

退出率是一个好医生，很适合给B2C检查身体，哪里的退出率高，基本上就能说明哪里会出现问题。要重点关注登录、注册、购物车、用户中心，这些是最基础的，但也是最关键的。一般主要列出TOP 20退出率页面，然后运营部会重点讨论原因，依次进行改进。

热点内容是用来指导运营工作的，消费者最关注什么，什么产品、分类、品牌点击最高，这些数据在新的运营工作中做重点引导，推荐消费者最关注的品牌、促销最关注的商品等。

3.4 商品销售分析

这部分是内部数据，根据每周、每月的销售详情，了解经营状况，做出未来销售趋势的判断。

第4节 撰写网站运营分析报告

4.1 业务经营分析报告

业务经营分析报告由标题、前言、主体和结尾四部分组成。

1. 标题

业务经营分析报告的标题应当高度概括分析报告的主要内容、对象及作者的基本观点，以影响读者、指导读者正确理解分析报告。业务经营分析报告的标题有单标题和双标题两种。

单标题多将分析的对象、内容及时间写在标题上，如《××公司××××年度完成经济计划情况分析》。有的直接在标题中揭示问题、提出建议、展望未来等。

双标题的正题往往标出业务经营分析报告的主旨，点出作者的基本观点；副题则说明分析的对象、内容及时间范围等。

2．前言

前言即分析报告的开头，其写法多种多样，应视具体情况灵活掌握。

有的在开头部分简要说明调查分析的时间、地点、对象、内容、范围及方式方法等；有的交代写作目的，说明选题的重要意义，以利于读者了解作者的写作动机，引导读者把握分析报告的重心，正确理解分析报告的基本含义；有的简要介绍分析报告的主要内容；有的点出作者的基本观点；有的介绍分析对象的基本情况；有的提出问题，引起注意……

业务经营分析报告开头的写法很多，运用起来应当灵活，有时单独采用一种，有时几种综合运用。

3．主体

主体是业务经营分析报告的主要部分。在此部分，需要围绕选题，提出问题、分析问题、解决问题，并且要有情况、有数据、有观点、有分析。

主体部分的结构安排有纵式结构和横式结构两种。

纵式结构按照事物发生、发展的时间顺序或人们认识发展的规律，层层递进，依次安排布局，适用于事理明了、内容单一的专项分析报告。横式结构则根据分析内容的性质，划分成几个方面或问题，循着某一逻辑关系并列安排布局，适用于综合性分析报告。例如，《××省××××年度财务分析报告》的主体部分，根据分析内容的性质，分成"××××年财务收支基本情况"、"资金来源与运用分析"、"成本费用分析"、"利润分析"、"问题与建议"五个部分。每一部分又分解为若干个小部分，如把利润分析部分分成"存款规模对利润的影响"、"存贷款利差对利润的影响"、"贷款收息率对利润的影响"三个小部分，从多个角度分析其财务综合状况。

4. 结尾

结尾是分析报告的结束部分,其主要作用是总结全文、点明主题、得出结论、揭示问题、提出建议、展望未来、鼓舞斗志、加深认识等。但若在前言或主体部分已得出结论、提出建议、展望未来、点明主题,也就无须再画蛇添足,可灵活掌握运用。

4.2 网站运营分析报告

(1)数据整理。

(2)分不同维度进行数据分析。

①自己和自己比。

②产品内部横向对比。

③市面上产品的纵向对比。

④用户体验层面的比较。

(3)给出优化建议。

(4)列出下阶段的工作计划。

4.3 网站改版分析报告

1. 建设网站前的市场分析

(1)相关行业的市场是怎样的,市场有什么样的特点,是否能够在互联网上开展公司业务。

(2)市场主要竞争者分析,竞争对手上网情况及其网站规划、功能和作用。

(3)公司自身条件分析、公司概况、市场优势,可以利用网站提升哪些竞争力,建设网站的能力(费用、技术、人力等)。

2. 建设网站的目的及功能定位

(1)为什么要建设网站,是为了宣传产品、进行电子商务,还是建设行业性网站?是企业的需要还是市场开拓的延伸?

（2）整合公司资源，确定网站功能。根据公司的需要和计划，确定网站的功能，如产品宣传型、网上营销型、客户服务型、电子商务型、行业门户型等。

（3）根据网站功能，确定网站应达到的目的和作用。

（4）企业内部网（Intranet）的建设情况和网站的可扩展性。

3．网站技术解决方案

根据网站的功能确定网站技术解决方案。

（1）采用自建服务器，还是租用虚拟主机？

（2）选择操作系统，分析投入成本、功能、开发、稳定性和安全性等。

（3）采用系统性的解决方案（如 IBM、HP 等公司提供的企业上网方案、电子商务解决方案），还是自己开发？

（4）网站安全性措施，防黑、防病毒方案。

（5）相关程序开发，如网页程序 ASP、ASP.NET、JSP、PHP、CGI、数据库程序等。

4．网站内容规划

（1）根据网站的目的和功能规划网站内容，一般企业网站应包括：公司简介、产品介绍、服务内容、价格信息、联系方式、网上订单等基本内容。

（2）电子商务类网站要提供会员注册、详细的商品服务信息、信息搜索查询、订单确认、付款、个人信息保密措施、相关帮助等。

（3）如果网站栏目比较多，则考虑采用网站编程专人负责相关内容。注意：网站内容是网站吸引浏览者最重要的因素，无内容或不实用的信息不会吸引匆匆浏览的访客。可事先对人们希望阅读的信息进行调查，并在网站发布后调查人们对网站内容的满意度，以及时调整网站内容。

5．网页设计

（1）网页设计美术设计要求，网页美术设计一般要与企业整体形象一致，要符合 CI 规范。要注意网页色彩、图片的应用及版面规划，保持网页的整体一致性。

（2）在新技术的采用上要考虑主要目标访问群体的分布地域、年龄阶层、网络速度、阅读习惯等。

（3）制订网页改版计划，如每半年到一年时间进行一次较大规模改版等。

6．网站维护

（1）服务器及相关软硬件的维护，对可能出现的问题进行评估，制定响应时间。

（2）数据库维护，有效地利用数据是网站维护的重要内容，因此数据库的维护应受到重视。

（3）内容的更新、调整等。

（4）制定相关网站维护的规定，将网站维护制度化、规范化。

7．网站测试

网站发布前要进行细致周密的测试，以保证正常浏览和使用。主要测试内容如下：

（1）服务器的稳定性、安全性。

（2）程序及数据库测试。

（3）网页兼容性测试，如浏览器、显示器。

（4）根据需要进行的其他测试。

8．网站发布与推广

（1）网站测试后进行发布的公关、广告活动。

（2）搜索引擎登记等。

9．网站建设日程表

各项规划任务的开始、完成时间、负责人等。

10．费用明细

各项事宜所需费用清单。

以上为网站规划书中应该体现的主要内容，根据不同的需求和建站目的，内容也会相应增加或减少。在建设网站之初，一定要进行详尽的策划，才能达到预期的建站目的。

4.4 单品分析报告

对于任何一份分析报告来说，开篇的点题和背景介绍都很重要。单品分析报告主要包括如下几个部分。

1．行业概述

- 介绍互联网的背景（发展情况及发展趋势）。
- 介绍产品对应市场情况（市场规模、用户群体、产品组成及竞争情况、有何新趋势）。

2．产品概述

- 产品的战略定位与目标。
- 产品的发展历程（针对已有的产品）。
- 产品的发展规划。

3．用户需求分析/用户特点分析

用户需求收集与总结（出现了哪些需求，哪些还未被满足或未被较好地满足，便于后面提出优化方案）。

4．产品功能分析

功能列表、主要业务流程介绍，便于后面对比优缺点。

行业背景和产品都介绍之后，就该通过 SWOT 搭建产品分析的核心框架了。

5．产品优势分析

- 用户体验方面。
- 功能设计方面（包括横向和纵向，即功能是否全面，流程是否完善、简便）。
- 资源、性能方面。

6．产品劣势分析

- 用户体验方面。
- 功能设计方面（包括横向和纵向，即功能是否全面，流程是否完善、简便）。
- 资源、性能方面。

7. 行业竞争分析

从用户体验，功能设计，资源、性能3个方面对行业内同类产品进行横向比较，最后结题并总结。

8. 产品发展建议

通过优劣势及竞争对手分析，自然而然导出机会分析，如：

- 哪些优势需要巩固和发扬，如何规划。
- 哪些劣势需要弥补和完善，如何规划。
- 哪些行业机会、新需求可以满足，如何规划。

第5节 运营分析案例讲解

5.1 用户调研分析

1. 专题背景

用户调研是网站运营分析的重要内容，业务部门希望能通过对用户调研数据进行分析，了解真实用户的信息，包括人口属性和行为喜好特征等。

2. 前期沟通

数据部门针对这一需求提出了以下细化需求：

- 人口基本特征，包括性别、年龄、收入、职业和地域等基本属性。
- 购物偏好行为，包括购买习惯、购买原因等。
- 广告认知调研，针对站外广告接触点、接受程度等进行分析。
- 品牌认知分析，针对现有的知名电商的喜好度及其原因的探究。

3. 数据准备

调查数据的来源通常是调查问卷系统，但在此之前需要有一套调查问卷来收集数据。

数据的基本验证中关于数据缺失值、异常值、错误值等的验证在此略过，这里介绍通过数据间的逻辑进行数据审查的方法。

- 用户所选地域与 IP 的匹配关系。调查问卷中用户选择的地域与通过调查工具采集的 IP 地址的地域归属应该（大多数情况下）一致。
- 问题间的继承关系。不同问题间的答案逻辑需要一致，如两个题目分别回答"您在哪些网上商城购买产品（多选）"、"您最常在哪家网上商城购物（单选）"，如果后者的答案没有出现在前者中，那么这个用户的问卷可信度较低。

4. 报告正文

- 用户基本属性。
- 用户网购行为习惯。
- 用户网购偏好。
- 用户聚类分析。

5.2 站内活动分析

1. 专题背景

站内活动分析是所有站内运营分析的重要产出点，每次大型促销或事件之后都需要进行活动总结。本案例就是某大型活动结束后进行的一次常规性总结分析。

2. 前期沟通

- 活动的主要目标是什么？
- 整个活动的排期时间表是什么？
- 整体活动的卖点及不同波次的主打利益点分别是什么？
- 活动在站外哪些渠道有投放，各自的排期、素材、卖点、着陆页、标记规则分别是什么？预期的流量是多少？
- 站内哪些资源位会对活动形成引流，各自的排期、素材（或内容）和标记规则是什么？
- 参与的商品都有哪些，各自的价格、折扣、目标销售、库存量（分地域）及各自产品属性分别有哪些可用数据？
- 参与促销的内部促销号及对应的优惠券信息具体有哪些（金额、类型、使用规则、限制规则等）？

前期沟通完成后，有以下几项内容需要数据部门重点确认：

- 活动相关页面（主活动、分会场）是否有监测代码。
- 重点按钮或位置是否已经监测，包括导航、焦点图等。
- 站外广告投放是否正确标记。
- 新的促销形式或功能是否及时上线及是否存在 Bug 问题。
- 活动高峰期间的实时流量监控，是否存在重点功能不可用，如无法登录、无法下单等。

3．数据匹配

以上数据是完成一次完整的促销活动分析所需的最少数据量，不同数据间关联的主键信息如下。

- 渠道 ID：站外推广标记规则。
- 资源位 ID：站内运营资源位标记及活动页面的资源 ID。
- 活动 ID：主活动和不同波次及分会场活动的标记。
- 用户 ID：标记用户信息。
- 优惠券 ID：优惠券识别标志。
- 预算号 ID：识别与优惠券关联的预算号。
- 商品 ID：商品关联主键。
- 订单 ID：订单信息关联主键。
- 配送单 ID：物流配送信息关联主键。

5.3 单品销售分析

1．专题背景

单品运营或爆款运营是电子商务的重要环节，针对商品的销售诊断同样必不可少。

2．前期沟通

该需求是业务部门提出的针对某单品策略实施效果的分析需求，核心是找到产品的销售短板，并找到弥补短板的提升策略。

运营部门的需求突出两点：

- 运营的核心是提升销量。

- 找到关键短板并能进行改善。

3．数据准备

- 商品站外投放数据，包括商品投放的渠道、排期、素材卖点、着陆页等。
- 商品站内资源位支持数据，包括站内资源位位置、排期等。
- 商品库存数据，包括每天商品库存量。
- 商品数据，包括商品属性、参数、价格、折扣、促销折扣等。
- 用户数据，包括用户基本属性、行为、购买等数据。
- 订单数据，包括订单商品、子订单、优惠券等数据。
- 竞争对手数据，包括竞争对手商品促销、价格、库存、售卖量等。

4．数据匹配

以上数据是完成一次完整的促销活动分析所需的最少数据量，不同数据间关联的主键信息如下：

- 渠道 ID：站外推广标记规则。
- 资源位 ID：站内运营资源位标记及活动页面的资源 ID。
- 活动 ID：主活动和不同波次及分会场活动的标记。
- 用户 ID：标记用户信息。
- 优惠券 ID：优惠券识别标志。
- 预算号 ID：识别与优惠券关联的预算号。
- 商品 ID：商品关联主键。
- 订单 ID：订单信息关联主键。
- 配送单 ID：物流配送信息关联主键。

5．报告正文

- 整体效果数据。
- 购买用户分析。
- 站内流量分析。
- 站外推广分析。
- 领券效果分析。
- 用户回访分析。

本章练习题

一、是非题

1. 网站端只关注着陆页设计、关键表单设计和站内流程，不关注网站本身对活动的影响。（   ）

2. 分析不只是对数据的简单统计描述，应该是从表面的数据中找到问题的本质。（   ）

二、单选题

1. 网站数据分析前，需要收集的数据不包括（   ）。

   A．网站后台数据　　　　　　B．搜索引擎数据

   C．统计工具的数据　　　　　D．网站商品数据

2. 网站后台数据不包括（   ）。

   A．流量数据　　　　　　　　B．网站的注册用户数据

   C．订单数据　　　　　　　　D．反馈数据

三、多选题

1. 数据分析维度主要包含（   ）。

   A．运营端　　　B．用户端　　　C．网站端　　　D．竞争端

2. 会员分析主要包括（   ）。

   A．新会员注册　　　　　　　B．新会员购物比率

   C．会员总数　　　　　　　　D．所有会员购物比率

四、问答题

1. 请列举网络广告营销效果分析的指标。

2. 网站运营分析主要从哪些方面进行分析，请列出。

3. 如果你是数据分析员，描述一下撰写业务经营分析报告的内容。

第 6 章

如何进行会员数据分析

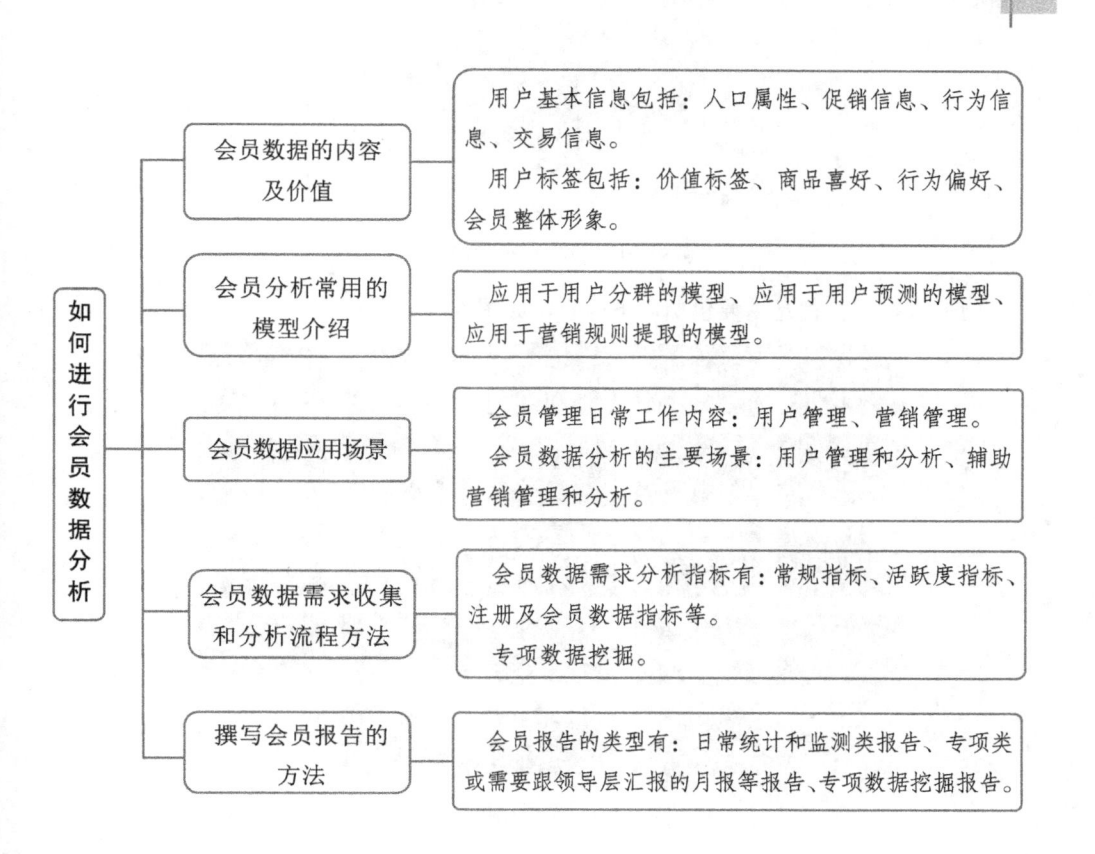

如何进行会员数据分析

- **会员数据的内容及价值**
  - 用户基本信息包括：人口属性、促销信息、行为信息、交易信息。
  - 用户标签包括：价值标签、商品喜好、行为偏好、会员整体形象。

- **会员分析常用的模型介绍**
  - 应用于用户分群的模型、应用于用户预测的模型、应用于营销规则提取的模型。

- **会员数据应用场景**
  - 会员管理日常工作内容：用户管理、营销管理。
  - 会员数据分析的主要场景：用户管理和分析、辅助营销管理和分析。

- **会员数据需求收集和分析流程方法**
  - 会员数据需求分析指标有：常规指标、活跃度指标、注册及会员数据指标等。
  - 专项数据挖掘。

- **撰写会员报告的方法**
  - 会员报告的类型有：日常统计和监测类报告、专项类或需要跟领导层汇报的月报等报告、专项数据挖掘报告。

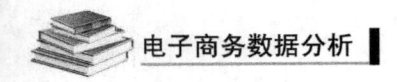

第 1 节　会员数据的内容及价值

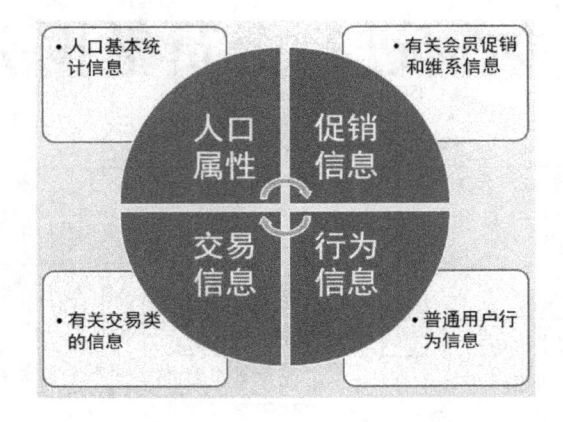

1.1　用户基本信息概览

用户基本信息概览如图 6-1-1 所示。

图 6-1-1　用户基本信息概览

（1）人口属性信息主要包括以下内容，如图 6-1-2 所示。

图 6-1-2　人口属性信息

第 6 章　如何进行会员数据分析

（2）会员促销信息主要包括：

- 优惠券/积分：优惠券、积分。
- 促销活动：活动预算、促销活动。
- 营销渠道：EDM、短信、CC。

（3）会员行为信息主要包括普通行为和反馈行为。

- 普通行为：订阅、查看、搜索、收藏。
- 反馈行为：投诉、咨询、评论。

（4）交易信息主要包括正向交易和反向交易。

- 正向交易：购物车、订单、支付、物流配送。
- 反向交易：退款、退货、换货。

1.2　用户标签概览

用户标签概览如图 6-1-3 所示。

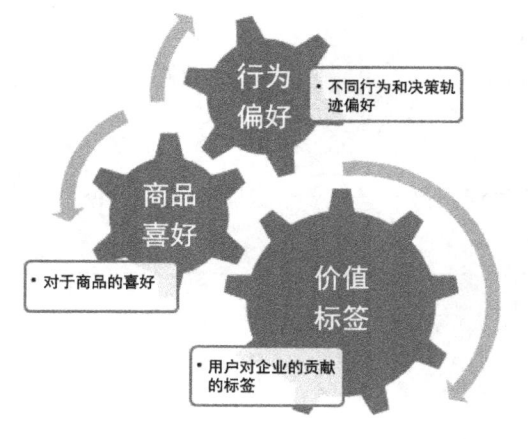

图 6-1-3　用户标签概览

1．价值标签

1）虚拟财富价值

- 账户余额。
- 财富等级。

- 信用等级。
- 虚拟货币。

2）活跃度价值

- RFM 得分。
- 活跃度。

3）生命周期价值

- 历史贡献曲线。
- 未来预期转化价值。

2. 商品喜好

商品喜好图如图 6-1-4 所示。

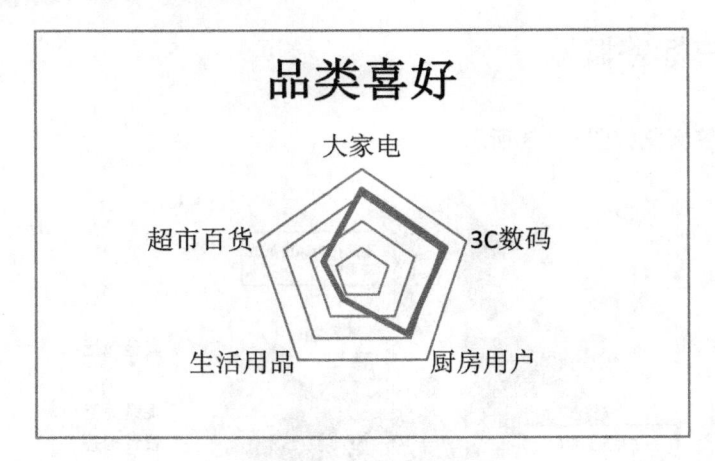

图 6-1-4　商品喜好图

3. 行为偏好

行为偏好图如图 6-1-5 所示。

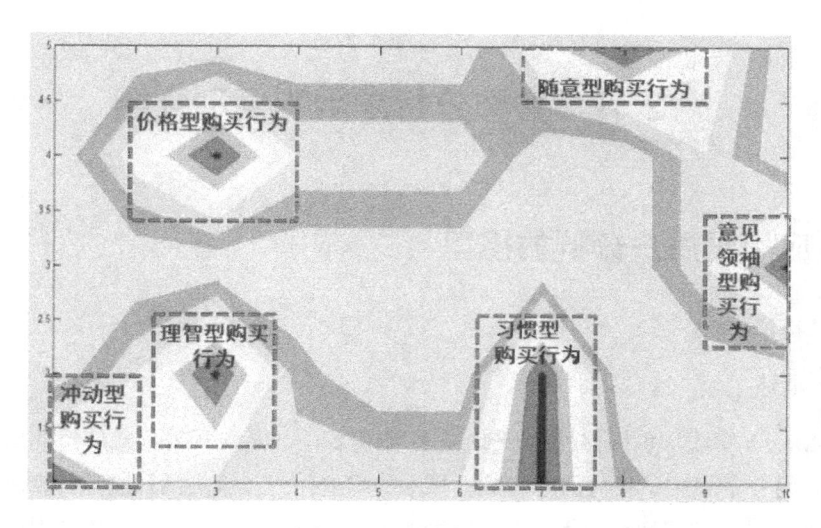

图 6-1-5　行为偏好图

4．会员整体形象的完整描绘

会员整体形象的完整描绘如图 6-1-6 所示。

	类别	偏好度
购物习惯	门店	5
	电脑	20
	手机APP/WAP	15
	手机二维码	5
基本状况	价格敏感	30
	消费趋势	40
	活跃度	70
	流失趋势	15
类别偏好	家具偏好	40
	建材偏好	5
	家居偏好	10
	家装服务	15
促销偏好	抢购偏好	30
	团购偏好	20
	满减	50
	组团砍价	30
社交偏好	微博	5
	微信	12
	QQ	20
	论坛	3
	会员俱乐部	9

姓名：小小
职业：学生
收入：XX人民币
爱好：儿童玩具，平板
购物习惯：网购
价格敏感：低
活跃度：高
消费趋势：中
流失趋势：低

图 6-1-6　会员整体形象描绘图

第2节　会员分析常用的模型介绍

2.1　应用于用户分群的模型

1. K-Means

1）概述

K-Means 算法，也被称为 K-平均或 K-均值算法，是一种得到最广泛使用的聚类算法。它将各个聚类子集内的所有数据样本的均值作为该聚类的代表点，算法的主要思想是通过迭代过程把数据集划分为不同的类别，使得评价聚类性能的准则函数达到最优，从而使生成的每个聚类（又称簇）内紧凑，类间独立。

2）相似度

- 基于几何距离的"相似度"。0 距离、曼哈顿距离、切比雪夫距离。
- 基于非几何距离的"相似度"。余弦距离、汉明距离、相关系数。

3）优势

它是解决聚类问题的一种经典算法，简单、快速，而且可以用于多种数据类型。对处理大数据集，该算法是相对可伸缩和高效率的。

4）不足

既然基于均值计算，那么就要求簇的平均值可以被定义和使用，此时字符串等非数值型数据则不适用。K-Means 的第一步是确定 K（要生成的簇的数目），对于不同的初始值 K，可能会导致不同的结果。

应用数据集存在局限性，适用于球状或集中分布的数据，不适用于特殊情况数据。如图 6-2-1 所示，这种非球状的数据分布就无法正确分类。它对于"噪声"和孤立点数据是敏感的，少量的该类数据能够对平均值产生极大的影响。

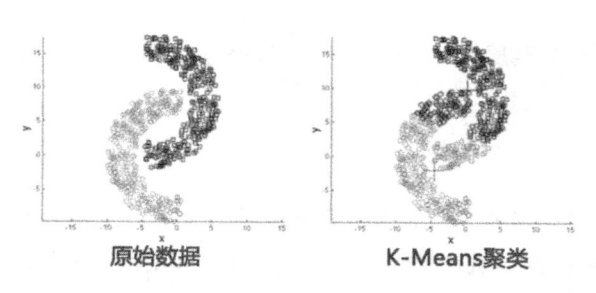

图 6-2-1　K-Means 聚类分析图

2. RFM

1）概述

在众多客户关系管理的分析模式中，RFM 模型是被广泛提到的。RFM 模型是衡量客户价值的重要工具和手段。

该模型通过一个客户的 R（近期购买行为）、F（购买的总体频率）及 M（花了多少钱）三项指标来描述该客户的价值状况。一般的分析模型 CRM 着重分析客户贡献度或活跃度，RFM 则强调以客户的行为来区分客户。

2）优势

RFM 模型是简单、易于理解且应用广泛的用户分群模型，如图 6-2-2 所示。

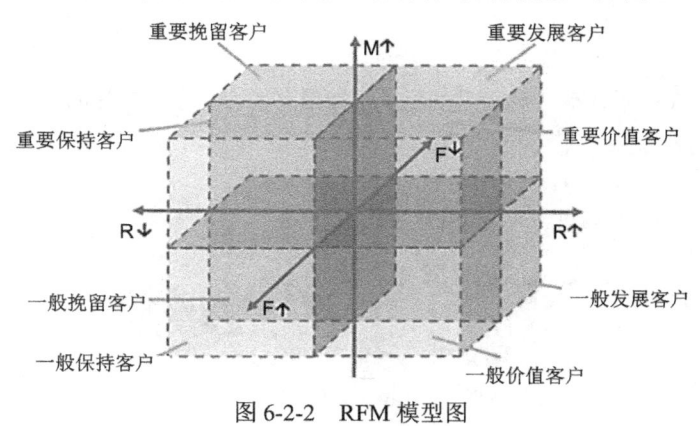

图 6-2-2　RFM 模型图

3）不足

RFM 模型适用于商品单价相对不高，或者相互间有互补性，需要多次重复购买的必要商品；而对于购买周期长的商品则实用性不强。

不同品类由于购买周期、金额等的差异，导致最终的RFM得分不具有直接对比意义。

案例：

CRM的核心是客户资料，依托客户资料的是客户信息。客户资料是描述客户主体的客观数据，如ID、账号、性别、年龄、职业等查户口的材料，越详细越好。也有一部分客户资料是商家主观赋予的，如积分、等级、会员级别、购物喜好。依托客户资料的客户信息最基本的就是客户交易数据，包括订单、购买日期、购物商品、网购来源、接待客服、商品评价等。一般情况下，资料和信息数据都通过一个客户模型来得到有用的客户分析指标。例如，基于最常用的RFM模型（Recency——近度、Frequency——频度、Monetary——消费度）可以得到，哪些客户是对自己的生意最有价值的，哪些客户又是最容易在近期产生新购买行为的。还可以根据需要调整模型可控参数，甚至调整算法，来得到所需要的决策依据。

有了运营决策依据，最直接的反馈就能出现在市场营销或促销活动中，而市场、销售、客服支持、财务配合等角色的内部员工都可以随时通过CRM系统360°获取到客户的所有信息，与网购客户互动的行为协调一致。

3. KNN

如图6-2-3所示，有3种类型的豆子，如果有3个豆子是未知的种类，那么如何判定它们的种类？

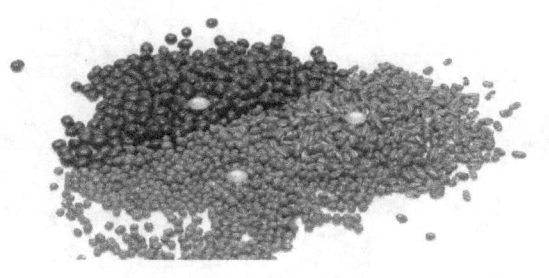

图6-2-3 3种类型的豆子

思路：未知的豆子离哪种豆子最近，就认为未知豆子和该豆子是同一种类。

第 6 章　如何进行会员数据分析

定义：为了判定未知样本的类别，以全部训练样本作为代表点，计算未知样本与所有训练样本的距离，并以最近邻者的类别作为决策未知样本类别的唯一依据。问题是，最近邻准确吗？

KNN 算法，又称 K-最近邻算法，是最近邻算法的一个延伸。基本思路是：选择未知样本一定范围内确定个数的 K 个样本，该 K 个样本大多数属于某一类型，则未知样本判定为该类型。KNN 模型图如图 6-2-4 所示。

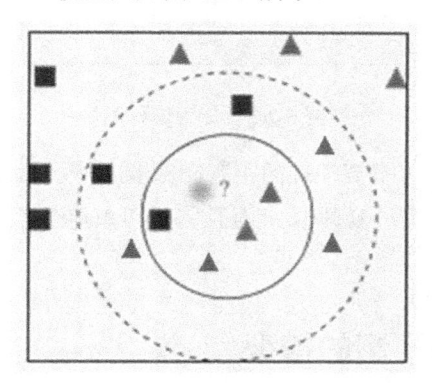

图 6-2-4　KNN 模型图

1）优点

简单、易于理解、易于实现、无须估计参数、无须训练。

适合对稀有事件进行分类（例如，当流失率很低时，如低于 0.5%，构造流失预测模型）。

特别适合于多分类问题（Multi-modal，对象具有多个类别标签），如根据基因特征来判断其功能分类，KNN 比 SVM 的表现要好。

2）不足

样本分布不均：对于位置样本 X_u，通过 KNN 算法，我们显然可以得到 X 应属于 ω_1 的范围；但对于位置样本 Y，通过 KNN 算法我们似乎得到了 Y 应属于 ω_2 的范围的结论，但直观来看并没有说服力，如图 6-2-5 所示。

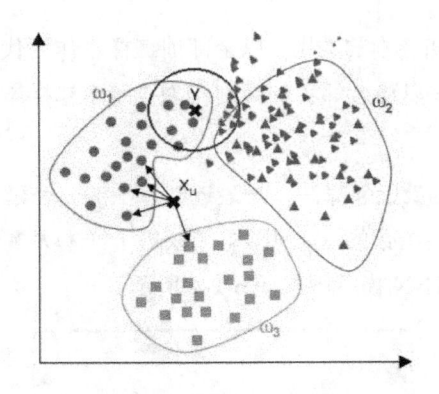

图 6-2-5　行为偏好图

存储全部的训练样本，需要烦琐的距离计算量，导致测试样本分类存在不足之处，如计算量大、内存开销大、耗时长，而且它的可解释性较差，无法给出决策树那样的规则。

2.2　应用于用户预测的模型

1. SVM

1）概述

SVM（Support Vector Machine），支持向量机。SVM 是做数据分类的常用方法，可用来做会员的分类预测。

SVM 的出发点是找到在两个类别中能够区分类别的最优分类面，使得两类数据分开，同时保证类别间距离最大化，如图 6-2-6 所示。

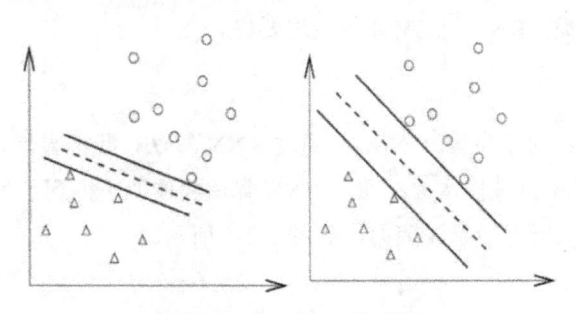

图 6-2-6　SVM 模型图

第6章　如何进行会员数据分析

如何确定最优分类面（超平面）？

支持向量，即离分界线最近的向量（图 6-2-7 中 H_1 和 H_2 穿过的点）。

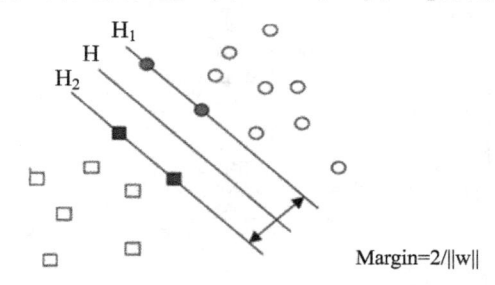

图 6-2-7　确定最优分类面图

2）优势

SVM 的最终决策函数只由少数的支持向量所确定，计算的复杂性取决于支持向量的数目，而不是样本空间的维数，这在某种意义上避免了"维数灾难"。

少数支持向量决定了最终结果，这不但可以帮助我们抓住关键样本、"剔除"大量冗余样本，而且注定了该方法不但算法简单，而且具有较好的"鲁棒"性。这种"鲁棒"性主要体现在：

①增、删非支持向量样本对模型没有影响。

②支持向量样本集具有一定的鲁棒性。

③有些成功的应用中，SVM 方法对核的选取不敏感。

3）不足

SVM 的内核计算复杂，过程和理论较难理解。性能的优劣主要取决于核函数的选取，所以对于一个实际问题而言，如何根据实际的数据模型选择合适的核函数从而构造 SVM 算法非常关键。

2．C4.5

1）概述

C4.5 是决策树的一种，它是基于 ID3 产生的一种分类算法。算法的核心是基于信息增益率选择属性作为创建树节点的原则，直到最终的信息增益为 0。C4.5 决策树图如图 6-2-8 所示。

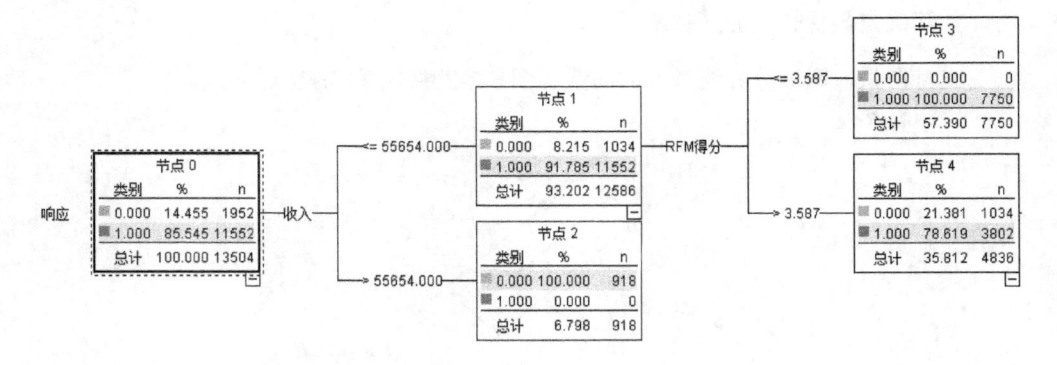

图 6-2-8　C4.5 决策树图

2）优点

C4.5 算法继承了 ID3 算法的优点，并在以下几方面对 ID3 算法进行了改进：

- 用信息增益率来选择属性，克服了用信息增益选择属性时偏向选择取值多的属性的不足。
- 在树构造过程中进行剪枝。
- 能够完成对连续属性的离散化处理。
- 能够对不完整数据进行处理。
- 产生的分类规则易于理解，准确率较高。

3）缺点

在构造树的过程中，需要对数据集进行多次的顺序扫描和排序，因而导致算法的低效。

此外，C4.5 只适合于能够驻留于内存的数据集，当训练集大得无法在内存容纳时程序无法运行。

2.3　应用于营销规则提取的模型

1. Apriori 算法概述

Apriori 算法是一种经典的生成布尔型关联规则的频繁项集挖掘算法。

Apriori 算法将发现关联规则的过程分为两个步骤：

通过迭代,检索出事务数据库中的所有频繁项集,即支持度不低于用户设定的阈值的项集;利用频繁项集构造出满足用户最小置信度的规则。挖掘或识别出所有频繁项集是该算法的核心,占整个计算量的大部分。

1) 项目与项集

设 $I=\{i_1,i_2,\cdots,i_m\}$ 是 m 个不同项目的集合,每个 i_k(k=1, 2,$\cdots$, m)称为一个项目(Item)。

项目的集合 I 称为项目集合(Itemset),简称为项集。大于最小支持度的项集被称为频繁项集。

2) 关联规则的支持度

规则 R 的支持度(Support)是交易集中同时包含 X 和 Y 的交易数与所有交易数之比。

3) 关联规则的置信度

规则 R 的置信度(Confidence)是指包含 X 和 Y 的交易数与包含 X 的交易数之比。

2. 优缺点

优点:Apriori 算法是经典、实用的分类算法。

缺点:需要多次扫描数据表,计算耗时、资源消耗较大。

第3节 会员数据应用场景

3.1 会员管理日常工作内容

1. 用户管理

用户管理体系是数据挖掘和营销中不可忽略的环节。从用户生命周期的角度分析,用户管理体系主要包括新用户获得、用户保持与提升、沉默用户唤醒和流失用户挽回等。

2. 营销管理

(1) 电子邮件营销。

（2）短信。

Who：给谁发。

When：何时发。

Where：通过什么渠道发。

What：发送什么内容。

How：以何种方式去激发用户潜在销售需求并引导转化。

3.2 会员数据分析的主要场景

1．用户管理和分析

1）如何发现并获得新用户

新用户获得图如图 6-3-1 所示。

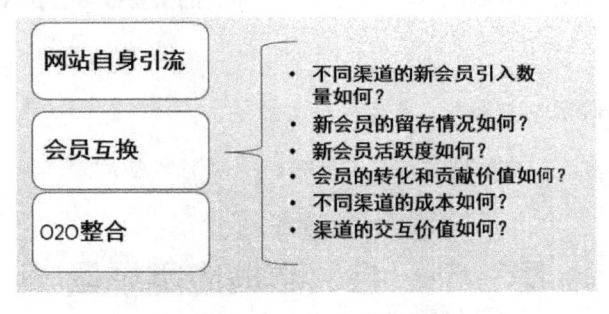

图 6-3-1 新用户获得图

2）如何提高用户活跃度并保持用户产生价值

提高用户活跃度信息图如图 6-3-2 所示。

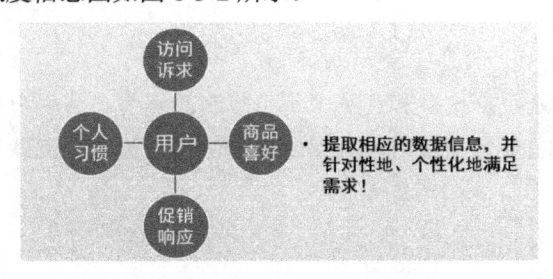

图 6-3-2 提高用户活跃度信息图

3）如何延长用户生命周期

①预警管理。针对某些关键指标设定阀值并做预警监控

②基于数据的自动触发：

- 基于活跃度。
- 基于转化率。
- 基于 RFM 得分。

③个性化的用户体验：

- 用户产品。
- 购物流程。
- 主动关怀。

4）如何赢回流失的用户

流失用户赢回图如图 6-3-3 所示。

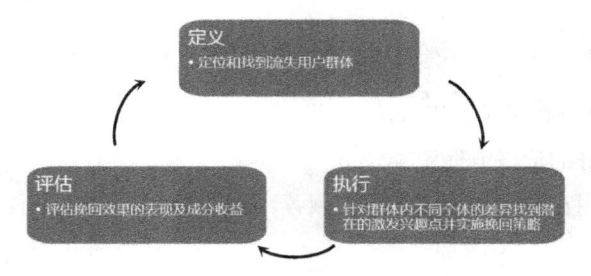

图 6-3-3 流失用户赢回图

2．辅助营销管理和分析

1）Who

通过提取规则来确定营销对象，例如：

- 购买了 A 商品的客户→目的是推广 B 商品购买。
- 年龄>30 岁且订单金额超过 1 万元的用户→希望转化为某次营销活动。
- 最近一次购买时间是 6 个月前,且连续 2 个月未曾访问过网站的用户→确定为沉默用户，然后制定相应的唤醒策略。

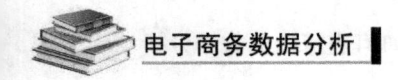

2）When

通过提取规则来确定营销时间，通过分析找到用户最佳的接触营销信息的时间点，例如：

- 上午 10:00。
- 工作日。

3）Where

通过提取规则来确定通过哪些凭条或渠道进行会员营销，通常情况下会员营销的渠道是固定的，包括 EDM 和短信平台，但某些时候也可以通过数据作调整，例如：

- A 平台的通道质量较差，大量邮件很难在短时间内发送成功。
- M 渠道发送的邮件通常被认为是垃圾邮件，导致无法直接到达用户邮箱，到达率低。

4）What

找到应该给用户发送哪些信息点，例如：

- 用户关注/收藏/订阅的商品。
- 用户最喜好的价格或促销类型。
- 针对性的用户浏览或购买记录的推荐。

5）How

如何提取某些卖点吸引用户关注并获得转化，例如：

- 最感兴趣的折扣。
- 一定时间的紧迫感。
- 推荐其他朋友也在关注的信息。
- 发送相应价值的优惠券。

案例：

聚石塔，实则是一个安全的商业数据环境。它打通了一系列分散的数据孤岛，让天猫和淘宝网的数据融合在一起，利用安全网络环境帮助服务商与卖家保障系统和数据安全，在云环境里提供存储、计算的保障。

第6章　如何进行会员数据分析

现在聚石塔把会员分成4个大区域：感知、分层、权益和评估，这是一个完整的体系，形成一个圆圈。

所谓感知，就是要让会员感知到，卖家为其提供了多种服务。当卖家有足够的数据和信息后，当某个会员到店铺时，他所看到的商品和别人看到的不一样。不仅如此，商品的价格、促销活动也都不同，给他服务的客服也有所区别，这就是会员的感知体系。

而分层是指卖家将会员分成不同的等级，这些会员的分层是否与天猫、淘宝会员分层打通，都还需要讨论。当分层实现后，自然会在权益上有所体现，所以权益是分层的落地。例如极速退款，便是分层后权益的直接体现。

最后，整个会员体系通过评估，来看对卖家店铺的帮助到底有多大。

为什么这个事情很重要呢？因为获取新客户的成本在不断升高。

以服装卖家为例，拿钱投广告引流量，再从流量中沉淀出一些买家来做交易，从而获得一个新会员，但这个成本已经将近100元。

假设一个卖家已有1万会员，如果再想获得1万会员，就需要投资100万元，这样的成本并非所有卖家都能承受。其实，多数的卖家还没有对已有的1万老会员进行二次开发。

事实上，基于感知、分层、权益、评估这个体系，老客户可以做到更高的回头率、更高的客单价。对于卖家来讲，效率会成为最有优势的地方。

所以卖家需要更多会员的信息，包括会员的成交情况和属性，哪些人产生过询盘，哪些人到店铺浏览过，甚至包括会员在全网的浏览记录，是否已经在竞争对手的店铺购买等。

当然，聚石塔不会泄露竞争对手的信息，而会用一些委婉的数据表示。例如，某款商品在全网最近30天内的购买金额和频次，这对卖家有足够的价值，卖家可以根据这些数据思考，有没有必要向会员猛推这个商品。

而如今，大多数卖家对会员的管理仍然停留在定期给会员群发一些新品及促销短信，并没有将这部分数据运用到刀刃上。

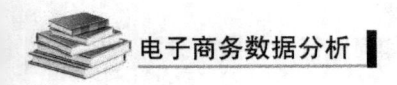

第4节　会员数据需求收集和分析流程方法

4.1　会员的数据需求

会员的数据需求通常来源于日常工作和专题工作，通常有以下分析指标。

1. 常规指标

1）注册

- 新增注册会员。
- 注册购买率。
- 累计注册会员。
- 有效注册会员。

2）购买

- 新增购物会员。
- 当天购买会员数。
- 累计购买会员数。

3）用户生命周期

- 活跃度。
- 复购率。
- 流失率。
- 异动比。

4）业务执行类指标

- 可营销会员总数。
- 可营销手机号。
- 可营销 EMAIL。

2. 活跃度指标

- 搜索（次数）。

- 浏览（次数）。
- 商品查看（次数）。
- 注册（ID）。
- 登录（ID）。
- 手机信息验证（个数）。
- EMAIL 信息验证（个数）。
- 页面咨询（次数）。
- 加入收藏（次数）。
- 加入购物车未购买（单数）。
- 购物车未付款（单数）。
- 购物车购买（单数）。
- 购物车取消（单数）。
- 商品评价（次数）。

3．注册及会员数据指标

- 注册总数。
- 可营销会员量。
- 有消费会员。
- 有消费会员占比。
- 青铜（含）以上会员总数。
- 青铜（含）以上会员占比。
- 老会员客单价。
- 新会员客单价。

4．复购率情况

- 本月购买人数。
- 本月复购人数。
- 老会员购买人数。
- 新会员复购人数。
- 整体复购率。
- 老会员保有率。
- 新会员复购率。

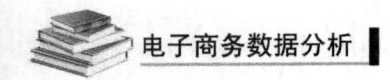

5. 积分使用情况

- 积分累计发放总额。
- 积分余额。
- 积分兑换率。
- 积分发放费用率。
- 积分实际费用率。

4.2 专项数据挖掘

专项数据挖掘图如图 6-4-1 所示。

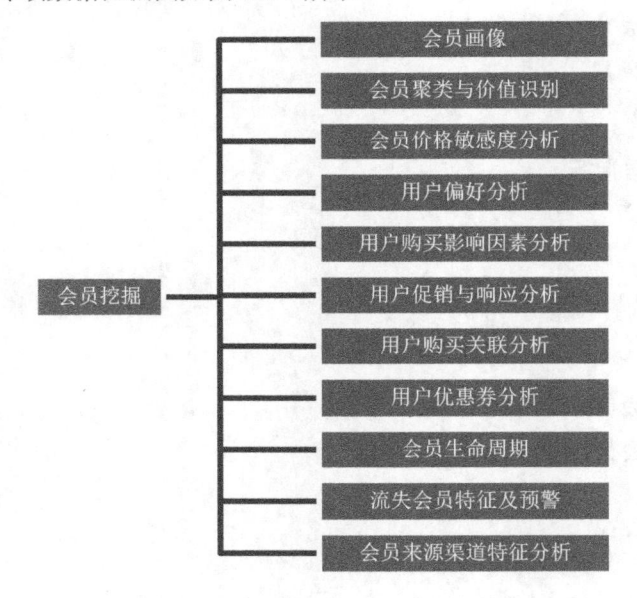

会员挖掘
- 会员画像
- 会员聚类与价值识别
- 会员价格敏感度分析
- 用户偏好分析
- 用户购买影响因素分析
- 用户促销与响应分析
- 用户购买关联分析
- 用户优惠券分析
- 会员生命周期
- 流失会员特征及预警
- 会员来源渠道特征分析

图 6-4-1　专项数据挖掘图

第 5 节　撰写会员报告的方法

不同报告的形式是不同的，通常而言：

（1）日常统计和监测类的报告用 Excel 更方便，如图 6-5-1 所示。

第 6 章　如何进行会员数据分析

会员及积分一周变化情况：						
1.常用指标						
	单位（万）	本周	环比变化率	上周	上上周	周
会员周概况	注册量					
	日均注册量					
	日均青铜以上会员增量					
	新增可营销EMAIL	新增EMAIL				
	新增可营销手机号	新增手机号				
积分周概况	积分发放额	本周发放				
	积分实际费用额	本周使用/兑换				
2.会员活跃指标						
	浏览量	本周新增	环比变化率	上周	上上周	周
搜索（次数）						
浏览（次数）						
商品查看（次数）						
注册（ID）						
登录（ID）						
手机信息验证（个数）						
EMAIL信息验证（个数）						
页面咨询（次数）						
加入收藏（次数）						
加入购物车未购买（单数）						
购物车未付款（单数）						
购物车购买（单数）						
购物车取消（单数）						
商品评价（次数）						

图 6-5-1　日常统计和监测类的报告

（2）专项类或需要跟领导层汇报的月报等报告更适合用 PPT 撰写，如图 6-5-2 所示。

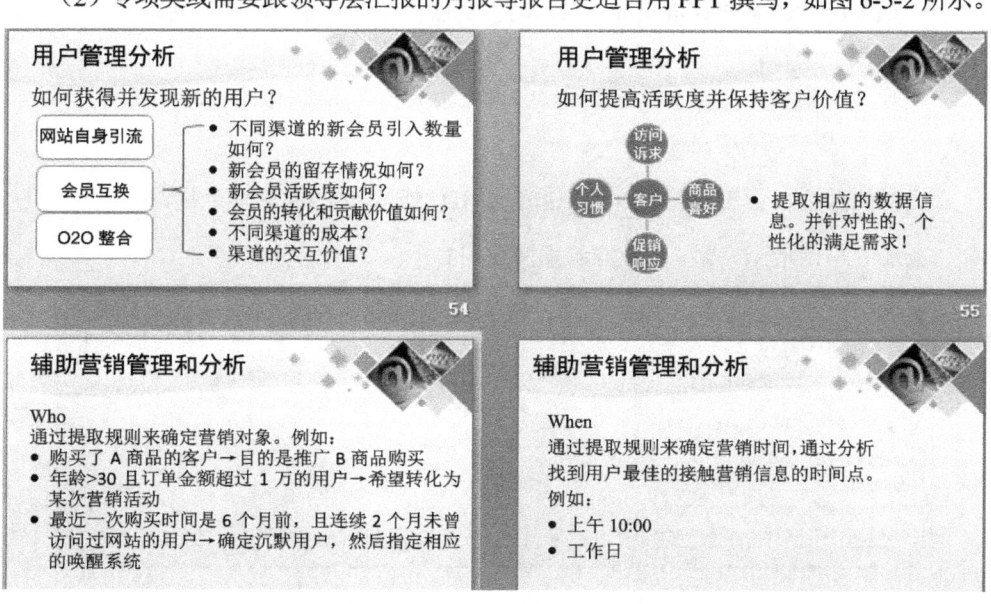

用户管理分析
如何获得并发现新的用户？
- 网站自身引流
- 会员互换
- O2O 整合

- 不同渠道的新会员引入数量如何？
- 新会员的留存情况如何？
- 新会员活跃度如何？
- 会员的转化和贡献价值如何？
- 不同渠道的成本？
- 渠道的交互价值？

用户管理分析
如何提高活跃度并保持客户价值？

访问诉求、个人习惯、客户、商品喜好、促销响应

- 提取相应的数据信息，并针对性的、个性化的满足需求！

辅助营销管理和分析
Who
通过提取规则来确定营销对象。例如：
- 购买了 A 商品的客户→目的是推广 B 商品购买
- 年龄>30 且订单金额超过 1 万的用户→希望转化为某次营销活动
- 最近一次购买时间是 6 个月前，且连续 2 个月未曾访问过网站的用户→确定沉默用户，然后指定相应的唤醒系统

辅助营销管理和分析
When
通过提取规则来确定营销时间，通过分析找到用户最佳的接触营销信息的时间点。
例如：
- 上午 10:00
- 工作日

图 6-5-2　适合用 PPT 撰写的专项图

（3）对于专项数据挖掘的结果，使用 word 文档+图示说明效果更好。

141

第6节 会员分析案例讲解

6.1 用户分群案例

1. 概要

用户分群被广泛应用到企业内部，作为会员管理的基本方法之一。RFM 模型是典型的分群应用的模型，尤其适用于电商和零售业。本案例即采用 RFM 模型进行会员分群。案例中，使用工具 Clementine 实现。

1）数据获取

提取数据前首先要确定数据的时间跨度，根据网站销售的物品的差异，确定合适的时间跨度：

- 如果经营的是快速消费品，如日用百货或快消品，可以确定时间跨度为一个季度或一个月。
- 如果销售的产品更替的时间相对久些，如电子产品，可以确定时间跨度为一年、半年或一个季度。

提取的数据包含三个字段：用户或会员 ID、订单时间和订单金额。

如图 6-6-1 所示，是用户分群的案例数据。

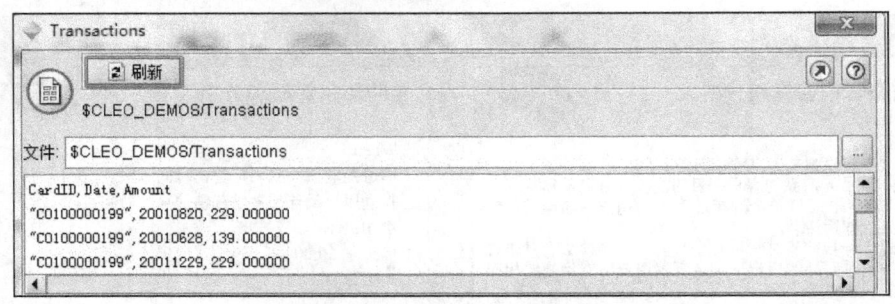

```
Transactions

  ② 刷新
  $CLEO_DEMOS/Transactions
文件 $CLEO_DEMOS/Transactions

CardID, Date, Amount
"C0100000199", 20010820, 229.000000
"C0100000199", 20010628, 139.000000
"C0100000199", 20011229, 229.000000
```

图 6-6-1 用户分群的案例数据

2）数据预处理

本案例中，其中的 Date 字段是作为日期型的变量进行时间处理的，因此需要增

第 6 章　如何进行会员数据分析

加一个节点来将 Date 字段转换成日期型。填入字段选 Date，替换为输出 to_date（to_string（date））。

接下来，需要新增一个 RFM 汇总节点，目的是作为 RFM 字段指定及日期处理设置。其中重点是选择内容近因：大多数情况选择"今天的日期"。然后设置"ID"、"天"及"值"对应到数据中的字段，如图 6-6-2 所示。

图 6-6-2　数据预处理图

2．RFM 分析

关键步骤：设置 RFM 模型中的"近因"（时间）、"频数"和"货币"字段，同时可以指定这三个字段的加权，如图 6-6-3 所示。

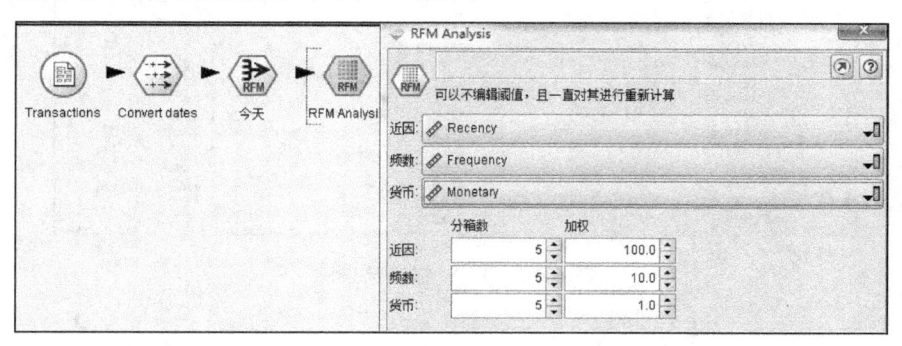

图 6-6-3　RFM 分析时段图

最后一步：在 RFM 分析节点之后新增一个表格输出，这样可以直接通过表格观察结果数据，如图 6-6-4 所示。

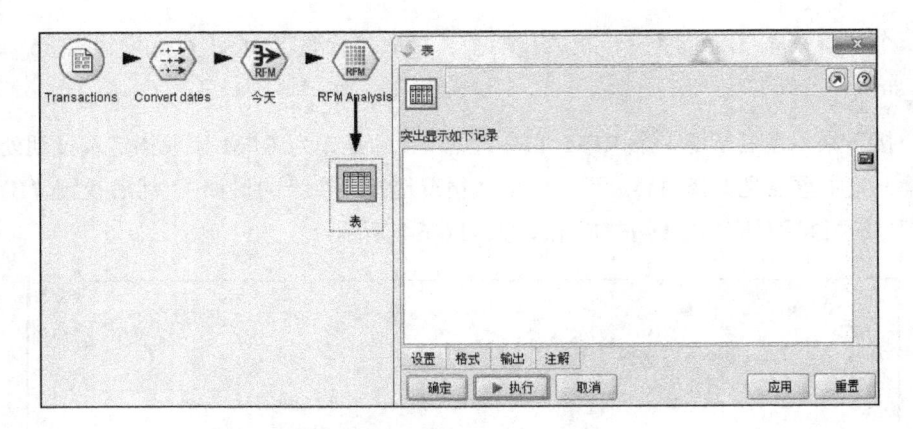

图 6-6-4 RFM 表格输出图

表格输出的结果：每个原始数据行后新增了四列新字段，分别是"近因得分"、"频数得分"、"货币得分"和"RFM 得分"（见图 6-6-5），根据不同的 RFM 得分就可以将用户进行统计分组。

图 6-6-5 RFM 输出结果图

6.2 针对营销目的选择精准会员

1. 概述

在会员营销中有一个特殊的类别，叫作单品营销，其含义是企业内部每个流量相关的部门都会背负单品推广和销售的任务。

会员部门作为营门部分之一，目前的需求为如何针对性地找到能够购买某种商品的用户，然后只针对这些用户发送 EDM 或短信来引导购买。

此案例使用 Clementine 中的 Aprioir 关联模型实现。

2. 数据源

关联模型需要的是订单数据，这类数据包含两种形式：

第一种是数据库记录的事务型数据。

第二种是商品购买矩阵，这种格式也是很多工具直接支持的格式（这里默认采用这种方式）。

图 6-6-6 所示为数据源格式。

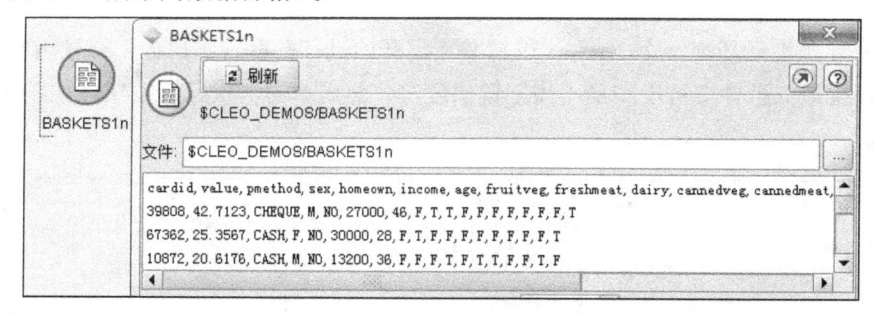

图 6-6-6 数据源格式

由于源数据中包含其他一些不需要在关联计算中出现的字段，如卡号、性别、家庭、收入等，因此我们需要新增一个过滤节点，将这些值过滤掉，如图 6-6-7 所示。

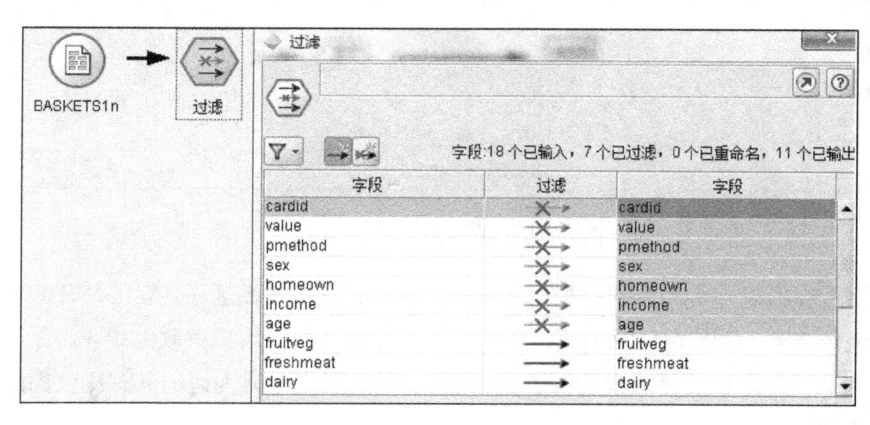

图 6-6-7 新增过滤节点

为了让工具能够识别出不同的数据类型，需要新增一个 type 节点，然后单击"读取值"按钮；再将需要参与计算的商品的方向分别选择为"两者"（意思是可以作为输入和输出应用），如图 6-6-8 所示。

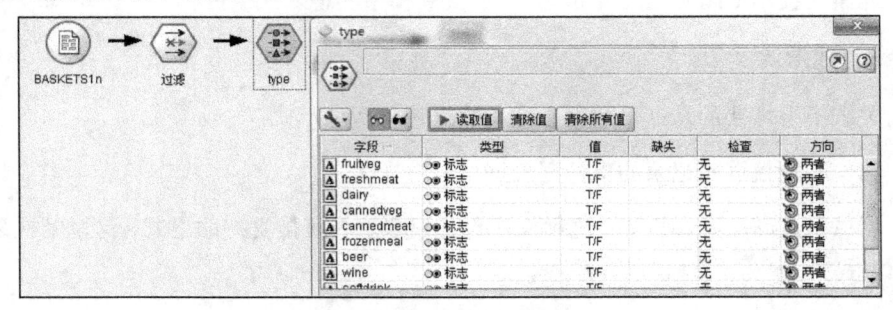

图 6-6-8　新增 type 节点

type 类型后新增一个 Apriori 挖掘节点，开始进行关联规则挖掘。在模型栏中，可以设置最低条件支持度和最小规则置信度等，然后单击"执行"按钮，如图 6-6-9 所示。

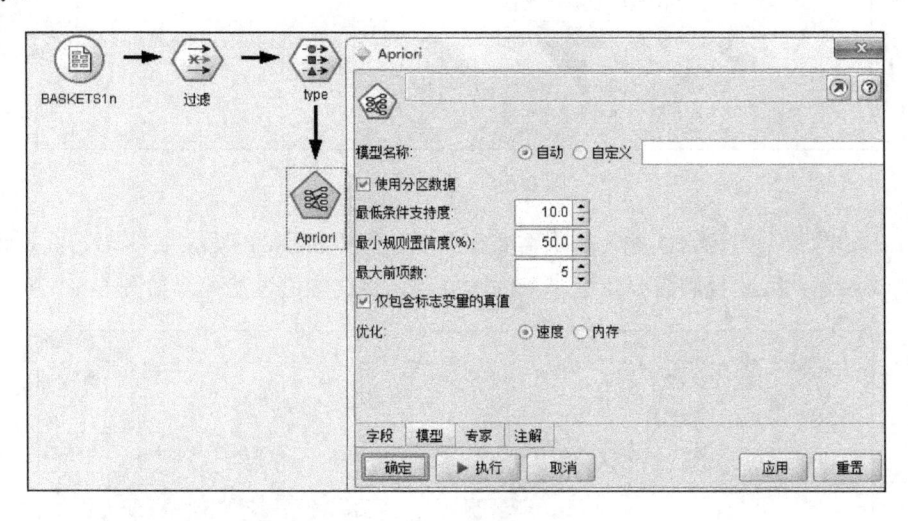

图 6-6-9　新增 Apriori 挖掘节点

然后会出现一个黄色的模型结果，将结果拖到左侧面板区域，双击打开即可看到模型计算结果。如图 6-6-10 所示，显示了不同商品间的前后项关联结果。假如我们的商品是 wine，现在应该选择购买了 confetionery 的用户，因为他们具有比较高的购买 wine 的意向。

第 6 章 如何进行会员数据分析

后项	前项	支持度 %	置信度 %
frozenmeal	beer	16.7	87.425
	cannedveg		
cannedveg	beer	17.0	85.882
	frozenmeal		
beer	frozenmeal	17.3	84.393
	cannedveg		
frozenmeal	beer	29.3	58.02
cannedveg	frozenmeal	30.2	57.285
frozenmeal	cannedveg	30.3	57.096
cannedveg	beer	29.3	56.997
beer	frozenmeal	30.2	56.291
beer	cannedveg	30.3	55.116
wine	confectionery	27.6	52.174
confectionery	wine	28.7	50.174

图 6-6-10　模型计算结果

本章练习题

一、是非题

1．K-Means 算法简单、快速，而且可以用于多种数据类型。　　　　（　　）

2．会员数据分析可辅助网站的营销管理。　　　　　　　　　　　　（　　）

二、单选题

1．不属于延长用户生命周期的方法的是（　　）。

A．预警管理

B．基于数据的自动触发

C．个性化的用户体验

D．产品推荐

2．不属于用户基本信息的选项是（　　）。

A．人口属性

B．促销信息

C．有关交易类信息

D．用户访问记录信息

三、多选题

1. 用户标签主要包括（　　）。

   A．价值标签

   B．商品喜好

   C．行为偏好

   D．会员整体形象的完整描绘

2. 会员用户管理和分析的主要场景包括（　　）。

   A．如何发现并获得新用户

   B．如何提高用户活跃度并保持用户产生价值

   C．如何赢回流失的用户

   D．应该给用户发送哪些信息点

   E．如何提取某些卖点吸引用户关注并获得转化

四、问答题

1. 列举会员分析常用的模型。

2. 某公司针对 A、B、C 三类客户，提出了一种统一的改进计划，用于提升客户的周消费次数。需要你制定一个事前试验方案，来支持决策，请你思考下列问题：

   （1）试验需要为决策提供什么样的信息？

   （2）按照上述目的，请写出你的数据抽样方法、需要采集的数据指标项，以及你选择的统计方法。

3. 简述用户行为分析包含哪些内容，并列举用户行为数据的主要分析方法。

第 7 章

常用网店数据分析工具

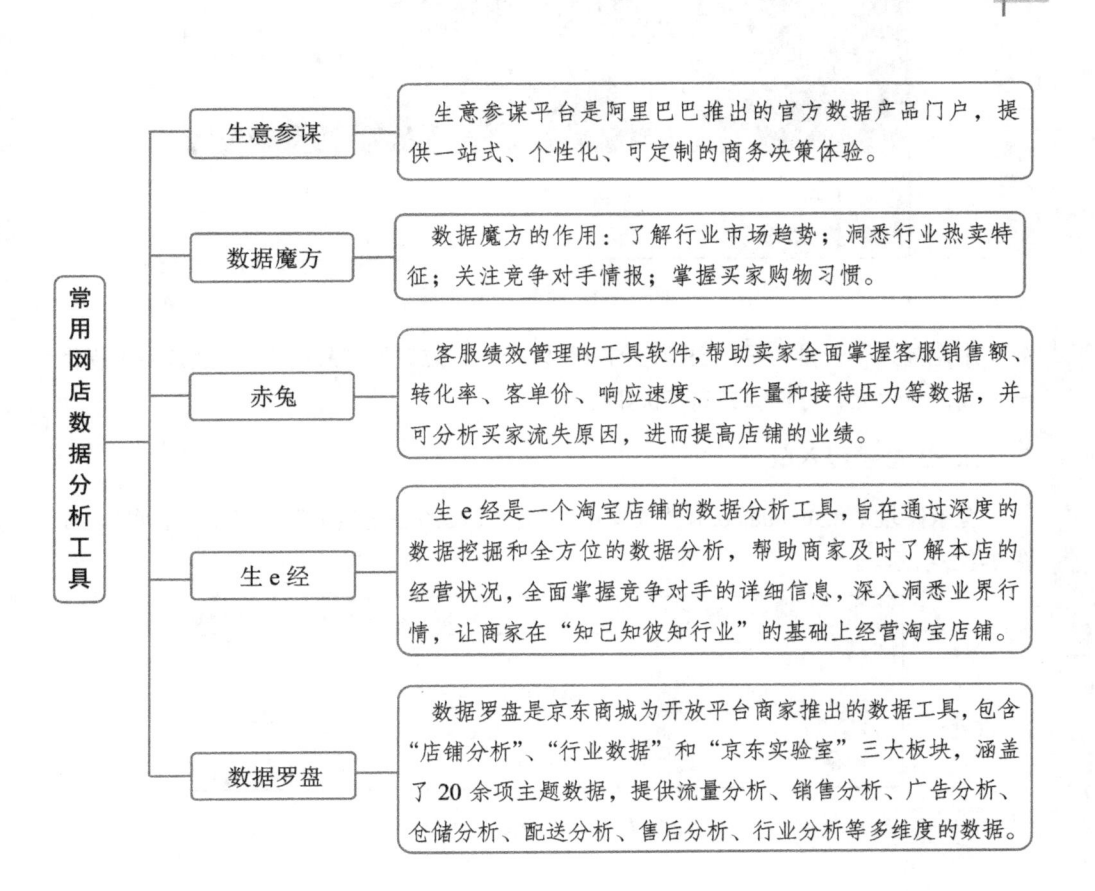

```
常用网店数据分析工具
├── 生意参谋 —— 生意参谋平台是阿里巴巴推出的官方数据产品门户，提供一站式、个性化、可定制的商务决策体验。
├── 数据魔方 —— 数据魔方的作用：了解行业市场趋势；洞悉行业热卖特征；关注竞争对手情报；掌握买家购物习惯。
├── 赤兔 —— 客服绩效管理的工具软件，帮助卖家全面掌握客服销售额、转化率、客单价、响应速度、工作量和接待压力等数据，并可分析买家流失原因，进而提高店铺的业绩。
├── 生e经 —— 生e经是一个淘宝店铺的数据分析工具，旨在通过深度的数据挖掘和全方位的数据分析，帮助商家及时了解本店的经营状况，全面掌握竞争对手的详细信息，深入洞悉业界行情，让商家在"知己知彼知行业"的基础上经营淘宝店铺。
└── 数据罗盘 —— 数据罗盘是京东商城为开放平台商家推出的数据工具，包含"店铺分析"、"行业数据"和"京东实验室"三大板块，涵盖了20余项主题数据，提供流量分析、销售分析、广告分析、仓储分析、配送分析、售后分析、行业分析等多维度的数据。
```

第1节　生意参谋

1.1　生意参谋小常识

1. 什么是生意参谋

生意参谋页面如图 7-1-1 所示。

图 7-1-1　生意参谋页面

生意参谋平台是阿里巴巴推出的首个统一的官方数据产品门户，向全体商家提供一站式、个性化、可定制的商务决策体验。

2. 生意参谋入口

登录网址：d.alibaba.com，"卖家中心"→"我的快捷菜单"→"生意参谋"，如图 7-1-2 所示。

图 7-1-2　生意参谋入口

案例：

某店是一家卖潮流男鞋的4皇冠店铺，在生意参谋的数据中显示，3月16日营业额开始突然下滑，从2.5万元下滑到1.3万元左右，下降幅度为48%。这其中必然存在一些问题，而时间点就要抓准3月16日当天。从这个时间段初步可以排除受季节性和节假日的影响，接下来根据生意参谋中的数据进行分析。

第一，分析访客数情况。

根据营业额=访客数×转化率×客单价，先从访客数入手，分析访客数情况。

知道是访客数出现了问题，那现在有两个问题需要重点关注：一个是流量地图（路径：经营分析—流量分析—流量地图），主要是看各个渠道的流量情况，并分析是哪个流量渠道出现了问题；另一个是针对单品的商品效果（路径：经营分析—商品分析—商品效果—单品分析），主要是单品的访客数情况，判断是否因为哪个热销宝贝的访客数突然下滑，导致拉低店铺整体的访客数。

第二，分析转化率情况。

通过生意参谋近30天的转化率数据反映，店铺的转化率从3月19日开始下降。看到这样的数据，首先要分析影响转化率的是PC端还是无线端。

第三，分析客单价情况。

客单价虽然有所波动，但整体来说还是比较平稳的。因为客单价跟宝贝的定价有直接的关系，所以需要对其进行分析。

3. 生意参谋名词术语解释

1）流量指标

- **浏览量**：您的店铺或商品详情页被访问的次数，一个人在统计时间内访问多次记为多次。所有终端的浏览量等于PC端浏览量和无线端浏览量之和。
- **PC端浏览量**：您的店铺或商品详情页在电脑浏览器上被访问的次数，一个人在统计时间内访问多次记为多次。
- **无线端浏览量**：您的店铺或商品详情页在无线设备（手机或Pad）的浏览器上被访问的次数，称为无线WAP浏览量；在无线设备的APP（目前包括手机淘宝、天猫APP、聚划算APP）上被访问的次数，称为无线APP浏览量。无线端浏览量等于无线 WAP 浏览量和无线 APP 浏览量之和。
- **访客数**：您店铺页面或商品详情页被访问的去重人数，一个人在统计时间内访问多次只记为一个。所有终端访客数为 PC 端访客数和无线端访客数直接相加之和。
- **PC 端访客数**：您店铺或商品详情页在电脑浏览器上被访问的去重人数，一个人在统计时间范围内访问多次只记为一个。
- **无线端访客数**：您店铺或商品详情页在无线设备（手机或 Pad）的浏览器上或无线设备的 APP（目前包括手机淘宝、天猫 APP、聚划算 APP）上被访问的去重人数，记为无线端访客数。特别说明，如果通过浏览器和通过 APP 访问的是同一人，无线端访客数记为一个。
- **跳失率**：一天内，来访您店铺浏览量为 1 的访客数/店铺总访客数，即访客数中，只有一个浏览量的访客数占比。该值越低表示流量的质量越好。多天的跳失率为各天跳失率的日均值。
- **人均浏览量**：人均浏览量=浏览量/访客数，多天的人均浏览量为各天人均浏览量的日均值。
- **人均停留时长**：来访您店铺的所有访客总的停留时长除以访客数，单位为秒。多天的人均停留时长为各天人均停留时长的日均值。
- **页面离开访客数**：根据所选的页面，从这个页面离开店铺的人数去重。同一个人一个会话内通过多个页面离开店铺，仅计入该会话中最后一次离开的页面；同一个人多个会话通过多个页面离开店铺，同时计入各个离开的页面。
- **页面离开浏览量**：根据所选的页面，从这个页面离开店铺的次数。同一个人一个会话内通过多个页面离开店铺，仅将离开浏览量计入该会话中最后一次离开的页面；同一个人多个会话通过多个页面离开店铺，浏览量计入各个离开的页面。
- **页面离开浏览量占比**：根据所选的页面，页面离开浏览量/页面被访问的次数。
- **去向离开访客数**：根据所选的去向渠道，离开店铺后去向该渠道的去重人数。

- **去向离开访客数占比**：去向离开访客数/所有去向离开访客数之和。
- **点击数**：您的店铺页面被用户点击的次数。一个人在统计时间范围内多次点击该页面会被计算为多次。
- **点击人数**：点击您店铺页面的去重人数。一个人在统计时间范围内多次点击该页面只会被计算为1次。
- **点击转化率**：统计时间内，店铺页面点击数/店铺页面浏览量，即所查看的页面平均被点击的比率。该值越高越好。
- **跳出率**：统计时间内，访客中没有发生点击行为的人数/访客数，即1−点击人数/访客数。该值越低越好。

2）交易与商品

- **下单买家数**：统计时间内，拍下宝贝的去重买家人数。一个人拍下多件或多笔，只算一个人。
- **下单金额**：统计时间内，宝贝被买家拍下的累计金额。
- **支付买家数**：统计时间内，完成支付的去重买家人数。预售分阶段付款在付清当天才计入内；所有终端支付买家数为PC端和无线端支付买家去重人数，即统计时间内在PC端和无线端都对宝贝完成支付，买家数记为1个。
- **PC端支付买家数**：在电脑上拍下后，统计时间内，完成付款的去重买家人数。特别说明，不论支付渠道是电脑还是手机，只要是在电脑上拍下的，就应该将该买家数计入PC端支付买家数。
- **无线端支付买家数**：在手机或Pad上拍下后，统计时间内，完成付款的去重买家人数。特别说明，不论支付渠道是电脑还是手机，只要是在手机或Pad上拍下的，就应该将该买家数计入无线端支付买家数。
- **支付金额**：买家拍下后通过支付宝支付给您的金额，未剔除事后退款金额，预售阶段付款在付清当天才计入内。所有终端的支付金额为PC端支付金额和无线端支付金额之和。
- **PC端支付金额**：买家在电脑上拍下后，在统计时间范围内完成付款的支付宝金额，未剔除事后退款金额，预售分阶段付款在付清当天才计入内。特别说明，不论支付渠道是电脑还是手机，只要是在电脑上拍下的，就应该将后续的支付金额计入PC端。

- **无线端支付金额**：买家在无线终端上拍下后，在统计时间范围内完成付款的支付宝金额，未剔除事后退款金额，预售分阶段付款在付清当天才计入内。特别说明，不论支付渠道是电脑还是手机，只要是在手机或 Pad 上拍下的，就应该将后续的支付金额计入无线端。
- **客单价**：统计时间内，支付金额/支付买家数，即平均每个支付买家的支付金额。
- **下单转化率**：统计时间内，下单买家数/访客数，即来访客户转化为下单买家的比例。
- **下单—支付转化率**：统计时间内，下单且支付的买家数/下单买家数，即统计时间内下单买家中完成支付的比例。
- **支付转化率**：统计时间内，支付买家数/访客数，即来访客户转化为支付买家的比例。
- **确认收货指数**：系统挖掘计算得出的确认收货等级。星级越高，表示催确认收货的可能性越大。
- **下单件数**：统计时间内，宝贝被买家拍下的累计件数。
- **商品动销率**：统计时间内，所选终端条件下，店铺整体商品售出率，即支付商品数/店铺在线商品数。PC 端商品动销率=PC 端支付商品数/店铺在线商品数，无线端商品动销率=无线端支付商品数/店铺在线商品数。
- **收藏人数**：通过对应渠道进入店铺访问的访客数中，后续有商品收藏行为的人数。对于有多个来源渠道的访客，收藏人数仅归属在该访客当日首次入店的来源中。同一个访客多天有收藏行为，则归属在收藏当天首次入店的来源中，即多天都有收藏行为的收藏人数，多天统计会体现在多个来源中。收藏人数不等同于收藏宝贝和收藏人气等其他指标。
- **加入购物车人数**：通过对应渠道进入店铺访问的访客数中，后续有商品加入购物车行为的人数。对于有多个来源渠道的访客，加入购物车人数仅归属在该访客当日首次入店的来源中。同一个访客多天有加入购物车行为，则归属在加入购物车当天首次入店的来源中，即多天都有加入购物车行为的人，多天统计会体现在多个来源中。

3）公用指标

- **同行平均**：您所选的比较二级类目中，处于您所在市场（淘宝或天猫）该行业 60%分位的同行的指标值。超过这个指标值，意味着您处于行业前 40%的范围内。
- **同行优秀**：您所选的比较二级类目中，处于您所在市场（淘宝或天猫）该行业 90%分位的同行的指标值。超过这个指标值，意味着您处于行业前 10%的范围内。
- **淘内免费访客**：根据所选终端统计的，淘内免费来源渠道的访客数/(淘内免费渠道来源的访客数+淘内付费渠道来源的访客数)，所有终端淘内免费来源访客数等于 PC 端和无线端淘内免费的访客数直接相加之和。
- **淘内付费访客**：根据所选终端统计的，淘内付费来源渠道的访客数/(淘内免费渠道来源的访客数+淘内付费渠道来源的访客数)，所有终端淘内付费来源访客数等于 PC 端和无线端淘内付费的访客数直接相加之和。
- **访客地域**：根据访问者访问时的 IP 地址进行计算。如果一个访问者一天通过多个不同省份的 IP 地址访问，会同时计入多个省份。
- **访客来源关键词**：来访客户入店前搜索的关键词。如果访客通过多个关键词进入店铺，同时计入多个关键词。
- **新访客/老访客**：本次访问前 6 天内曾经来访过店铺，记为老访客，否则为新访客。

1.2 生意参谋功能详解

1. 首页

生意参谋首页，旨在展示店铺经营全链路 360°无死角的核心数据分析。首页的功能模块包括实时指标、实时排行、行业排名等信息，如图 7-1-3 所示。

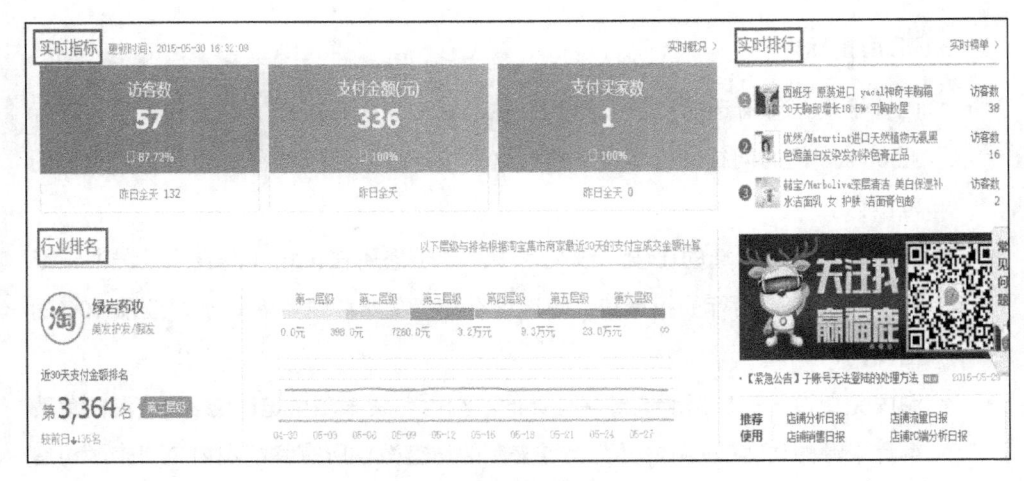

图 7-1-3　生意参谋首页

2. 实时直播

市场瞬息万变，实时洞悉很有必要！通过实时直播（见图 7-1-4），观测实时数据，及时调整策略，抢占生意先机！

图 7-1-4　实时直播

1）实时概况

实时概况提供店铺实时的概况数据，主要包括实时支付金额、实时访客数、实时买家数及对应的排名和行业平均值，还提供小时粒度的实时趋势图，并提供与历史数据对比功能，所有数据都可以分所有终端、PC 端、无线端 3 种模式查看，其中还有超炫的实时数据大屏功能。

2）实时来源

2015 年 2 月 5 日，实时来源升级新增了原量子来源分析收费功能，PC 端来源分布提供来源明细 TOP100，针对淘宝搜索、天猫搜索、直通车，实时提供 TOP100 访客的明细关键词，其他细分来源的提供 TOP100 明细来源 url，部分来源不支持细分。无线端来源分布暂不支持细分。

3）实时榜单

实时榜单主要提供商品 TOP50 榜单及实时催费宝。商品 TOP50 榜单主要提供根据支付金额、访客数两种方式排序的前 50 个商品列表，并且还提供搜索功能，支持查询用户想知道的商品的实时效果数据。

4）实时访客

实时访客主要提供店铺的实时访客记录，能实时了解店铺访客的浏览情况，无线端功能暂时未开通。

3．经营分析

1）流量分析

流量分析提供了全店的流量概况，流量地图（包括流量的来源和去向），来访访客时段、地域等特征分析，店铺装修的趋势和页面点击分布分析，可以帮助我们快速盘清流量的来龙去脉，识别访客特征的同时了解访客在店铺页面上的点击行为，从而评估店铺的引流、装修等健康度，帮助我们更好地进行流量管理和转化，如图 7-1-5 所示。

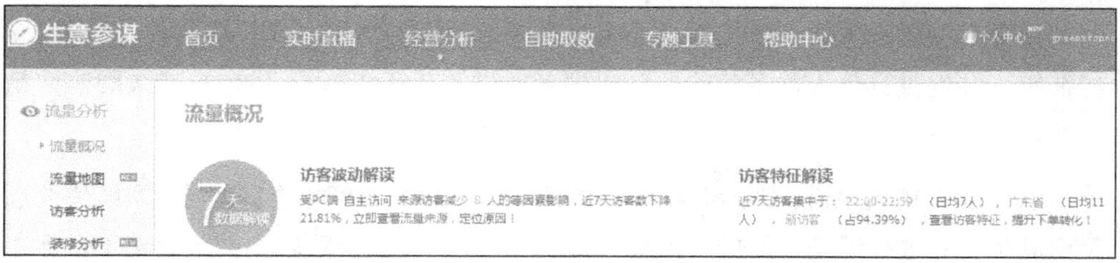

图 7-1-5　流量分析

2）商品分析

展现全店所有商品的详细数据，包括已发布在线的所有商品及 30 天已下架但有数据的商品信息。如果店铺商品实在太多，可以提供按自定义分类（旺铺装修分类）和商品类目（发布商品时所选类目）进行筛选，或者输入单个商品名称或 ID 查看；并提供按访客数排名 TOP1000 的商品数下载；提供最近 1 天、最近 7 天、最近 30 天及自然日的时间选项。同时，需对一些异常商品进行分析，如哪些宝贝流量下跌很严重、哪些宝贝支付转化率过低、哪些宝贝成交量突然下跌了、哪些宝贝没有成交量。

3）交易分析

交易分析主要提供交易概况和交易构成两个功能点，从店铺整体到不同粒度细分店铺交易情况，及时掌控店铺交易问题，并提供资金回流行动点。

（1）交易概况：从店铺整体粒度了解店铺的整体交易情况，并且提供店铺趋势图及同行对比趋势图。

（2）交易构成：从不同粒度细分店铺交易构成情况，主要有终端细分、类目细分、价格带细分 3 种细分粒度，分析店铺交易情况，同时提供资金回流行动点。

4）营销推广

营销推广包括营销工具、营销效果两大功能。

（1）营销工具：创意营销。

①单品营销选宝贝：从数据角度给出推荐指数最高的 10 个宝贝，针对每个宝贝给出同网相似宝贝的价格分布，由用户结合自身宝贝库存、利润等情况，选择接下来作为营销主打款的宝贝。

②单品营销选人群：给出对这个宝贝有兴趣的人群范围，以及这些人的购买力、特征等，并提供具体人群下载清单（提供老客户的旺旺清单），供用户参考圈定并精确营销。

③单品营销选渠道：因为商品和感兴趣群体的购买力可能稍有差异，系统建议选择商品优惠券进行促销。单击"立即生成营销方案"按钮会跳转到淘宝营销平台上进行具体设置。

（2）营销工具：爱上聚划算。

①选宝贝：系统给出报名上聚划算成功概率最高的 6 个商品，按聚划算指数从高到低排序，由用户结合自身情况来决定选择报名的具体宝贝。

②爱上聚划算定价参考：系统结合此宝贝的相似宝贝在全网的价格分布、成交区间及卖家数情况，给用户提供参考。

③爱上聚划算销量预测：结合定价参考及自身备货情况，输入不同的折扣及备货量，进行聚划算预测。若比较满意，则直接单击"立即报名"按钮，进入聚划算报名通道。

（3）营销效果。

可查看店铺排行 TOP3 和同行使用人数 TOP5 的营销工具，还可查看正在进行中的营销方案的数据，如图 7-1-6 所示。

图 7-1-6　营销效果

4．自助取数

自助取数提供给商家自由提取数据的工具，拥有丰富的店铺维度的指标数据，提供不同时间段的数据查询服务；包含"我要取数"、"我的报表"、"推荐报表"三大功能，如图 7-1-7 所示。

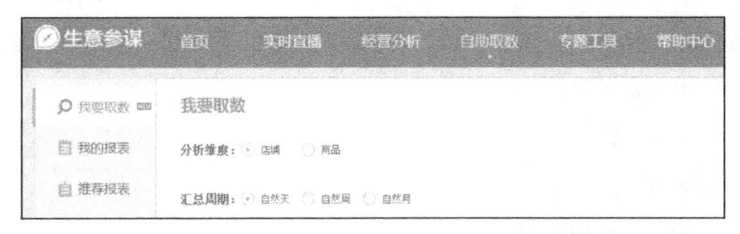

图 7-1-7　自动取数

5．专题工具

生意参谋目前提供的专题工具有"选词助手"、"行业排行"、"单品分析"、"商品温度计"（见图 7-1-8），未来还会引入第三方服务商提供的专项工具和数据实验室提供的创新工具。

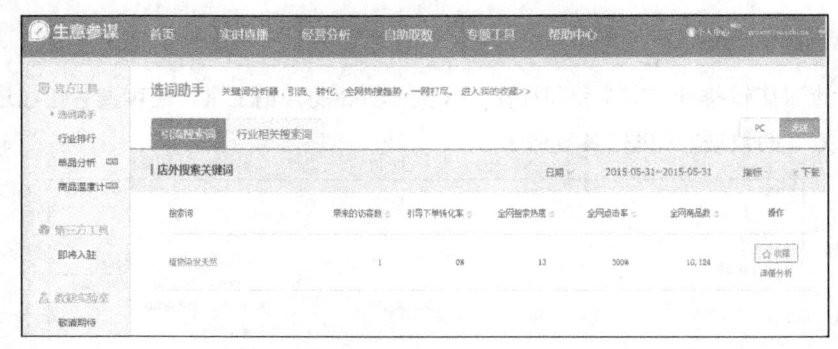

图 7-1-8 专题工具

第 2 节 数据魔方

2.1 数据魔方常识

淘宝数据魔方基于淘宝网实时、全面、真实、海量的电子商务交易数据进行过滤、分析、挖掘，并以直观、易读的形式展现出来，帮助品牌企业、中小卖家深入地了解行业发展趋势、市场动态热点、品牌占有率和买家购物习惯，指导企业和卖家有依据地生产、研发并合理地营销。

1. 数据魔方的作用

- 了解行业市场趋势。
- 洞悉行业热卖特征。
- 关注竞争对手情报。
- 掌握买家购物习惯。

2. 数据魔方专业版入口

- 入口一：登录淘宝账号，单击"卖家中心"→"我购买的服务"→"数据魔方"，如图 7-2-1 所示。

- 入口二：进入数据魔方首页（http://mofang.taobao.com/），单击导航栏中的"专业版"。

图 7-2-1　数据魔方入口

3．如何订购数据魔方

第一步：进入淘宝首页（www.taobao.com），登录账号，单击"我是卖家"选项卡，在"我是卖家"页面单击右侧的"订购服务"按钮，如图 7-2-2 所示。

第二步：在新打开页面的搜索框中输入"数据魔方"后进行搜索，在搜索结果页面单击"数据魔方专业版"。

第三步：选择所需类目，确认无误后，单击"下一步"按钮，进入支付宝付款页面。

第四步：进入支付宝付款界面，可按照支付宝流程进行数据魔方的购买。

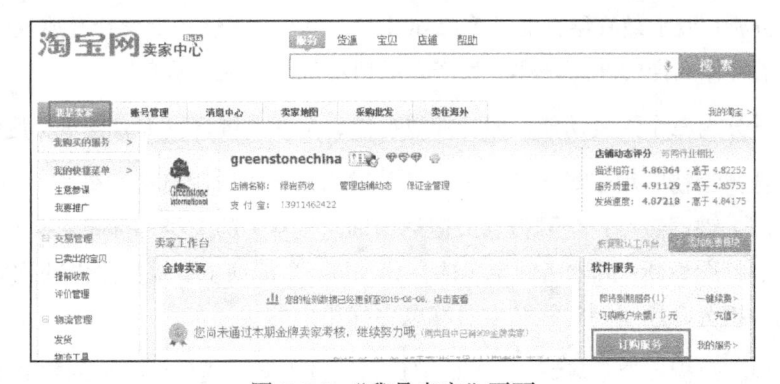

图 7-2-2　"我是卖家"页面

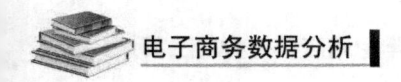

2.2 数据魔方功能详解

第一时间：可查看店铺及行业销售的实时数据，每分钟更新一次；涉及的数据均为实际支付的金额及笔数。

行业分析：可从行业的角度查看整体情况、子行业排行、热销店铺排行、热销宝贝排行、飙升宝贝排行、买家购买分析、买家信息分析及卖家分析的数据；可分别统计全网、淘宝、天猫的数据，如图7-2-3所示。

图 7-2-3　行业分析

品牌分析：可查询指定时间段内某行业内品牌的热销排行及飙升排行，以及各品牌的详情数据，包括整体情况、品牌行业分布、热销店铺排行、热销宝贝排行等数据。

产品分析：包含产品热销排行、TOP 排行榜及品牌详情。

- 产品热销排行：显示行业下热销产品（有产品型号、规格的商品）。
- TOP 排行榜：主要按照成交金额统计。
- 品牌详情：展示选定时间段内，某行业下某品牌某商品的详细数据，包括整体情况、品牌行业、热销店铺排行、热销宝贝排行、买家购买分析、买家信息分析、卖家分析。

属性分析：展示最底层行业下产品属性组合排行、属性热销排行及属性的销售详情，用于了解什么样的产品好卖，为产品规划及研发提供数据支持。

淘词：分为三个主要功能，即行业热词榜、全网关键词查询、宝贝标题诊断。

- 行业热词榜：用于寻找行业下热门关键词，优化标题及直通车。
- 全网关键词查询：全网搜索关键词查询，搜索趋势与类目分布，关联热词。
- 宝贝标题诊断：拆分店铺宝贝的标题关键词。拆词主要根据系统的词库自动识别并拆分，用于及时检验宝贝标题并优化。

流失顾客分析：展示店铺 TOP20 宝贝的流量来源，提供可视化的数据流图展示顾客流失去向，并了解流失顾客最终购买的产品。用于分析用户的流失原因，提升转化。

自有店铺分析：全面展示店铺的整体状况、行业排名情况、品牌及产品的销售情况、客户的购买频次、客单价、性别/年龄分析等；可添加店铺，方便同时查询多个店铺的数据。

消费者研究：点击后跳转到"淘宝指数"的市场细分页面，可查看指定类目下的人群细分、用户肖像，还可以进行交叉分析。

案例：

  为了能够准确地知道每日的客流量，像银泰、万达等企业特地购买了上十万元的设备，可想而知客流量对于一个流动的商铺而言有多么重要。但是要一个小的零售店耗费十万元购买统计客流量的设备未免过于浪费，为了解决这个问题，每人计开发了一款专门用于统计客流量的设备。它拥有小巧的外观、简单的安装方式、高达97%的准确率，店家只需通过手机APP客户端，就可随时随地查看每日每时客流量、对比量，让客流信息变得更为精确。

  数据到位之后，对于商铺而言接下来的措施就简单多了，将销售额与当日的客流量相统计，店铺老板就可以根据这个数据实时进行店内情况的改善。除了统计客流，每人计还对数据进行了细化，接下来要突破的一大功能就是人脸识别。店主可以根据这个数据明确知道每天自己店铺内哪个货架前的顾客最多，以及购买产品的顾客年龄层。当数据统计到一定程度后，行业商圈也会逐步建立，那时店主的视野就会变得更加开阔，他拿到的数据就不仅仅是自己这一家门店的，而可能是整个行业、分区乃至全国的数据。

  对于服装行业来说，近年来的成交量同样受制于电商，但实体门店的服装售卖终究不会消失，因为这是消费者的刚性需求。那么，如何扩充消费者的这一需求，就变成了每个商家都必须思考的问题。对于店主而言，明确哪个货架前停留的客户最多、购买货品的人群分布，进而对货品进行相关方面的调整，无疑是把握顾客消费需求，从而扩充的最好方式。尤其是在大量数据的积累下，行业趋势分析、商圈的建立，使得店主对线下数据一目了然。

  这个数据魔方不仅给店家带来了便利，也同样对消费者起作用。通过每人计构建的商圈，商家的产品信誉等级透明化，消费者对产品的各种信息一目了然，这就大大减少了信息不对称所导致的产品问题。导购不用再花费很多力气介绍品牌产品，消费者也不用在试穿上占用过多时间，双方均可以通过每人计所建立的商圈进行各自信息的扩散和收集。

第3节 赤兔（淘宝）

3.1 赤兔常识

1. 赤兔是什么

赤兔是客服绩效管理的工具软件，帮助卖家全面掌握客服销售额、转化率、客单价、响应速度、工作量和接待压力等数据，并可分析买家流失原因，进而提高店铺的业绩。赤兔首页如图 7-3-1 所示。

图 7-3-1 赤兔首页

2. 赤兔的入口

（1）登录淘宝后台，单击"我是卖家"选项卡，在右侧选择商城增值服务区（C 店是软件服务），进入"我的应用"，选择"赤兔"。

（2）系统入口（http://newkf.topchitu.com），单击"开始使用"按钮即可进入系统。

3．赤兔相关数据及规则说明

1）常见数据概念及说明

（1）赤兔能否查看到单个商品的销售量情况？

能。商品销售明细中，可以添加商品进行查询。

（2）需要延迟确定的数据有哪些？

①与询单人数有关的数据需要延迟1天确定。

②有关成功率的数据，询单→最终付款成功率延迟4天确定，询单→次日付款成功率延迟1天确定。

（3）旺旺明细中的数据为什么只能以7天为周期查询？

旺旺明细中的数据带有聊天记录详情，数据量比较大，当查询比较长的时间段时会比较慢，而且当本地网络不太好的时候，还容易卡死。以7天为周期查询，可以避免这样的事情发生，同时也不会影响正常查询。

（4）下单人数和付款人数有什么区别，下单金额和付款金额有什么区别？

下单是当日通过客服落实的下单，付款是当日通过客服落实的付款，在时间点上，下单和付款没有非常直接的逻辑关系。

（5）为何付款人数比下单人数多，付款金额比下单金额多？

时间点的问题，下单和付款的统计都是当日的，而当日下单的不一定当日付款，当日付款的也可能有之前下单的，两者谁多谁少都正常。

2）客服相关数据说明

（1）如何查看单个旺旺的客服绩效数据？

①在客服绩效中，选择需要查询的单个客服旺旺即可查询。

②如果查看所有客服旺旺的对比数据，在客服绩效旺旺分组里选择全部或分组即可。

（2）旺旺回复率是什么意思？

①回复人数与接待人数之比，是人数的比值，不是消息数的比值。

②一个自然日一统计，自然日为0:00—24:00。

③影响旺旺回复率未达到 100%的客观条件是，顾客给客服发离线消息，客服当日无法回复。在绩效明细—服务—未回复明细中，可以查看到哪些客服旺旺的顾客咨询没有得到回复。

（3）平均响应时间是什么意思，怎样计算？

客服接待顾客咨询中，客服每次回复买家每次咨询时间差/时间差次数的均值，用来考核客服响应顾客咨询的速度。

（4）首次响应时间是什么意思，怎样计算？

客服接待顾客咨询中，客服第一次回复买家每次咨询的时间差/时间差次数的均值，用来考核客服首次响应顾客咨询的速度。

（5）首次回复是自动回复的情况，是否会记入响应时间？

会记入，正常计入响应时间。

（6）如何设置让首次自动回复的时间不计入客服旺旺的响应时间？

系统中有一个"自动回复识别"设置，在旺旺的自动回复内容前面加上开头符号，如"$"符号（不包含引号），即可让自动回复的时间不计入客服旺旺的响应时间。

（7）能否统计出顾客自拍自付的情况？

在"绩效明细"→"成交"→"静默销售明细"，可以查看到顾客自拍自付的情况明细。

（8）静默下单未付款明细中，为何有统计客服旺旺 ID？

静默下单未付款明细中，统计的是顾客自己拍下后，客服跟进落实付款未付款的情况。

（9）赤兔软件统计客服旺旺的数据，是否需要备注？

不需要进行任何备注，数据是自动统计的。

（10）赤兔软件是根据什么原理把绩效算到相关客服旺旺头上的？

根据每一次的客服旺旺的聊天，以及聊天前后订单的状态，来判定订单的绩效归属。

3）业绩相关数据及规则说明

（1）赤兔绩效判定规则有哪些？

赤兔绩效有 3 种判定规则，即下单判定、付款判定、下单优先判定。

①下单判定：最终付款的销售额判定给落实下单的客服。

②付款判定：最终付款的销售额判定给落实付款的客服。

③下单优先判定：最终付款的销售额优先判定给落实下单的客服，如果不存在落实下单客服（即客户静默下单），则判定给落实付款的客服。

（2）如何理解判定规则的存在？

当一笔订单由不同客服落实下单和落实付款时，面对把最终绩效（包括销售额、客单价、成功率、客件数等）判定给落实下单的客服还是落实付款的客服的问题，可以选择相应的判定规则。

（3）赤兔系统中，有哪些数据随判定规则的更改而变动？

受判定规则影响的数据：①客服、静默相关的销售数据；②页面上有显示判定规则的数据。

具体随判定规则更改而会变动的数据有：

- 一目了然视图中的首页、店铺绩效、客服对比数据。
- 店铺绩效中的汇总、客件数分析、退款情况分析。
- 客服绩效中的汇总、客件数分析、成功率分析、议价能力分析、退款情况分析、退款率分析、商品销售分析。
- 绩效明细里的旺旺退款明细、静默销售明细、商品销售明细。

（4）付款判定与下单优先判定的区别是什么？

付款判定和下单优先判定的区别在于：对静默下单客服落实付款的订单，都判定给落实付款的客服。

（5）客服落实下单，顾客最终并没有付款，这种情况如果按照下单判定，绩效是否会算到客服头上？

各种判定规则的共性：不管哪种判定规则下，这笔订单都需要最终完成付款，才能算绩效。

（6）落实下单和落实付款的概念是什么？

①落实下单：客服的服务产生客户下单，这个客服提供了落实下单服务。

②落实付款：客服的服务产生客户付款，这个客服提供了落实付款服务。

需要注意的是，下单之前的有效服务同样为付款之前的有效服务，当下单和付款之间没有客服服务时，落实下单的客服同样为落实付款的客服。

（7）如何判定落实下单和落实付款？

赤兔提供按聊天时间和聊天回合判定落实下单和落实付款归属哪个客服。

（8）如何按聊天时间和聊天回合判定落实下单和落实付款的区别？

①按聊天时间判定：落实下单归属给下单前最后服务的客服；落实付款归属给付款前最后服务的客服。

②按聊天回合判定：落实下单归属给下单前聊天回合数最多的客服；落实付款归属给付款前（包含下单前）聊天回合数最多的客服。

3.2 赤兔功能详解

1. 基础使用篇

1）系统管理

（1）初始配置。

初次使用和过期比较久后续订的用户，需要在我们售后技术支持的帮助下进行系统初始配置，具体的操作过程可以参考系统右上角的配置手册。

（2）子账号权限管理。

第一步：在淘宝后台授权子账号可以访问赤兔名品客服绩效系统。

第二步：在赤兔名品客服绩效系统内设定子账号的权限。操作如下：

在"管理"→"系统管理"→"权限管理"页面，可以对每个子账号单独设置查看数据、绩效考核、管理权限、多店铺权限（需开通多店铺功能）。

"管理"→"系统管理"→"权限管理"，只有主号有权访问，不受权限管理限制。

（3）指定商品过滤。

根据用户设定的过滤商品列表，在统计绩效数据时进行过滤。影响统计的数据项包括：销售额、销售量、客单价、客件数、件均价、退款金额、退款件数等，涉及范围包含客服个人和客服团队；对成功率相关统计并不影响。同时，对过滤的每个商品支持绑定日期范围：商品在其日期范围内下单的订单在绩效统计时会被过滤，而未设置日期范围的则从其添加到过滤列表当天起开始过滤。

在"管理"→"系统管理"→"商品过滤设定"页面，通过"添加过滤商品"可以将需要过滤的商品添加到过滤列表。如果需要，可以同时绑定过滤的时间范围；取消过滤的商品只需要从过滤列表移除即可。

2）店铺整体销售数据

（1）店铺销售额和销售人数。

①店铺销售额：所选时间内，买家成功付款的金额。

②店铺销售人数：所选时间内，买家成功付款的人数，即成交用户数。因存在同一个客户一天内多个订单分别属于客服销售和静默销售的可能，所以店铺销售人数≤客服销售人数+静默销售人数。

（2）店铺销售量。

店铺销售量：所选时间内，买家成功付款的商品件数。

数据查看方式："店铺绩效"→"综合分析"→"汇总"→"店铺"→"销售量"。

（3）店铺客单价、客件数、件均价。

①店铺客单价：店铺成交客户平均每次购买商品的金额；店铺客单价=店铺销售额/店铺销售人数。

②店铺客件数：店铺成交客户平均每次购买商品的件数；店铺客价数=店铺销售量/店铺销售人数。

③店铺件均价：店铺成交客户平均每次购买单件商品的平均价格；店铺件均价=店铺销售额/店铺销售量。

数据查看方式："店铺绩效"→"专项分析"→"客单价分析"→"店铺"。

（4）店铺退款数据。

店铺退款数据统计店铺整体完成的退款数据，具体包括店铺退款笔数、店铺退款人数、店铺退款件数和店铺退款金额。

数据查看方式:"店铺绩效"→"专项分析"→"退款情况分析"。

(5)店铺邮费金额。

系统统计店铺买家所有支付的邮费总额,如果买家没有支付邮费,如店铺包邮活动,则不计入邮费总额。

数据查看方式:"店铺绩效"→"专项分析"→"邮费分析"。

3)静默销售数据

(1)静默销售额、销售量、销售人数。

①静默销售额:静默成交的客户,在所选时间内付款的金额。

②静默销售量:静默成交的客户,在所选时间内付款的商品件数。

③静默销售人数:静默成交的客户,在所选时间内付款的人数。

数据查看方式如下。

方式一:"店铺绩效"→"综合分析"→"汇总"→"静默"。

方式二:"店铺绩效"→"专项分析"→"客单价分析"→"静默"。

(2)静默销售占比和静默转化率。

①静默销售占比:静默销售额占店铺整体销售额的比例;静默销售占比=静默销售额/店铺销售额。

②静默销售转化率:静默成交客户数占访客数的比重,静默销量转化率=静默销售人数/访客数。

数据查看方式:"店铺绩效"→"综合分析"→"汇总"→"静默"。

(3)静默客单价、客件数、件均价。

①静默客单价:静默成交的客户,平均每次购买商品的金额;静默客单价=静默销售额/静默销售人数。

②静默客件数:静默成交的客户,平均每次购买商品的件数;静默客件数=静默销售量/静默销售人数。

③静默件均价:静默成交的客户,购买单件商品的平均价格;静默件均价=静默销售额/静默销售量。

数据查看方式："店铺绩效"→"专项分析"→"客单价分析"→"静默"。

（4）静默单邮费。

静默单邮费：静默成交的客户，在所选时间内付款的金额（即静默销售额）中包含的总邮费。

数据查看方式："店铺绩效"→"专项分析"→"邮费分析"。

（5）静默单退款。

退款情况中静默销售对应的退款数据，包括静默退款笔数、退款人数、退款件数、退款金额。

数据查看方式："店铺绩效"→"专项分析"→"退款情况分析"。

（6）静默交易中差评。

交易中差评中静默单对应的中差评数据，包括静默中评数、静默差评数、静默中差评总数。

数据查看方式："店铺绩效"→"专项分析"→"中差评分析"。

4）客服团队整体数据

（1）团队销售额和团队销售占比。

①团队销售额：通过客服服务成交的客户，在所选时间内付款的金额。

②团队销售占比：客服团队销售额占店铺整体销售额的比例；客服销售占比＝客服销售额/店铺销售额，该数据类目相关度大。

数据查看方式如下。

方式一："一目了然"→"标准报表"→"店铺绩效"。

方式二："店铺绩效"→"综合分析"→"汇总"→"客服"。

（2）团队销售量和团队销售人数。

①团队销售量：通过客服服务成交的客户，在所选时间内付款的商品件数。

②团队销售人数：通过客服服务成交的客户，在所选时间内付款的人数。

数据查看方式如下。

方式一："一目了然"→"标准报表"→"店铺绩效"。

方式二:"店铺绩效"→"综合分析"→"汇总"→"客服"。

（3）团队成功率。

客服团队整体的成功率是考核客服团队整体销售能力的重要指标，系统提供从询单→付款、询单→下单、下单→付款，以及旺旺成功率（旺旺成功率默认隐藏）4个维度去分析客服团队的成功率情况。询单→付款，可以从"询单→次日付款成功率"或"询单→最终付款成功率"来评估，其中：

①询单→次日付款成功率：客服当天咨询后，当天或第二天付款的成功率。

②询单→最终付款成功率：客服当天咨询后，并且最终付款的成功率。其值大于等于询单→次日付款成功率，更全面地反映了询单到付款阶段的成功率，两者数值差距不会很大。

数据查看方式："店铺绩效"→"专项分析"→"成功率分析"→"询单到付款"。

（4）团队客单价、客件数、件均价。

①团队客单价：通过客服服务成交的客户，平均每次购买商品的金额；团队客单价=客服销售额/客服销售人数。

②团队客件数：通过客服服务成交的客户，平均每次购买商品的件数；团队客件数=客服销售量/客服销售人数。

③团队件均价：通过客服服务成交的客户，购买单件商品的平均价格；团队件均价=客服销售额/客服销售量。

数据查看方式："店铺绩效"→"专项分析"→"客单价分析"→"客服"。

其中，团队客单价也可在"一目了然"→"标准报表"→"店铺绩效"→"客服客单价"中查看。

（5）团队工作量。

团队工作量分析统计客服团队整体的工作量数据，包括以下数据指标。

①总接待：所选时间内，客服接待的客户数，不包括过滤的。

②总消息数：总消息数=买家消息数+客服消息数。

③客服字数：客服接待客户时发出的消息所包含的中文、英文等字符的总数（不

含空格、制表符、换行回车等空白字符）。

④最大同时接待数：客服团队最大同时接待，在所选时间内，客服团队所有客服同时接待的最大值（同时接待的定义：一个客服在某一时刻前后两分钟内有聊天的客户数；客服同时接待的详细数据可以通过接待压力分析查看）。

⑤旺旺回复率：客服个人的旺旺回复率=回复过的客户数/接待人数=(接待人数–未回复人数)/接待人数。

⑥首次响应时间：客服对客户每次回复用时的平均值，帮助分析客服的首次响应够不够及时。

⑦平均响应时间：客服对客户每次回复用时的平均值，可帮助分析客服的响应够不够及时。

数据查看方式："店铺绩效"→"专项分析"→"工作量分析"。

（6）团队分时接待数据和接待压力分析。

客服团队分时接待数据反映客服团队接待量在一天 24 小时内的分布情况，以小时为统计单位。同一个客服一天内接待的同一个客户以聊天开始时间来统计；通过分析店铺咨询流量分布情况，帮助店铺调整分配客服资源。

数据查看方式："店铺绩效"→"专项分析"→"分时接待分析"。

客服团队接待压力分析对客服团队整体一天内服务客户的时间分布情况进行分析，对每个时间点同时服务的客户数进行统计，采用同分时接待不同的统计方法。

数据查看方式："店铺绩效"→"专项分析"→"接待压力分析"。

2．客服考核

1）绩效考核模块

在绩效考核模块菜单下，有考核方案设计、客服薪资计算、自定义指标管理 3 个子菜单。系统提供底薪、提成、绩效 3 种基本类型的方案，每种类型可定义多套方案。使用时可以从 3 种类型中任意选择组合使用，典型的使用方式有 3 种：①底薪+提成；②底薪+绩效；③底薪+提成+绩效。

2）考核方案设计

（1）新建方案。在考核方案设计菜单界面，单击右上角的"新建方案"按钮，输入方案名称，选择方案类型，包含底薪、提成、绩效3种类型，并且备注，然后确认，即完成了新建方案的步骤。分别新建底薪、提成、绩效方案。

（2）设计和编辑方案。可对默认方案进行设计，或者针对新建的方案进行设计和编辑。通过单击"编辑"按钮可以修改已新建方案的方案名称和备注，单击"设计方案"按钮可设计底薪、提成、绩效方案。

3）客服薪资计算

根据之前设计好的考核方案，包括底薪方案、提成方案、绩效方案等，结合起来一键计算客服薪资。选择薪资计算时间，选择方案结合，选择旺旺分组或全部旺旺，然后单击"计算"按钮，就可以得到客服旺旺的薪资。提成工资和绩效工资，可以查看详情，即客服的提成工资和绩效工资分别是如何得来的。

4）绩效模型用户案例

下面给出赤兔名品客服绩效用户自己设计的模型（见表7-3-1），仅供参考。用户应该根据自己店铺的情况制定适合自己的考核模型。

表 7-3-1　绩效考核表

KPI指标	详细描述	标准	分值	权重	数据	得分	加权得分
询单位转化率(X)	最终付款人数/询单人数	X≥75%	100	40			
		75%＞X≥65%	80				
		65%＞X≥50%	60				
		X＜50%	0				
支付率(F)	支付宝成交笔数/拍下笔数	F≥92%	100	20			
		85%≥F＜92%	80				
		72%≥F＜85%	60				
		F＜72%	0				
落实客单价(Y)	客服落实客单价/店铺客单价	Y≥1.12	100	10			
		1.12＞Y≥1.08	80				
		1.08＞Y≥1.06	60				
		Y＜1.06	0				
客服回复率(Z)	回复过的客服数/接待人数	Z≥99%	100	5			
		99%＞Z≥97%	80				
		97%≥Z≥95%	60				
		Z＜95%	0				
客服相应时间(T)	平均相应时间（秒）	T≤30	100	5			
		30＜X≤45	80				
		45＜X≤55	60				
		T≤55	0				
日常工作任务	每月工作安排	根据完成进度和完成效果综合评分		10			
工作态度	工作积极性	主动、积极，并很好地配合各个部门开展工作		5			
考勤	每月迟到、请假情况			5			

考核人员：　　　　　　考核时间：

第 4 节　生 e 经（淘宝）

4.1　生 e 经常识

1. 什么是生 e 经

生 e 经是一个淘宝店铺的数据分析工具，旨在通过深度的数据挖掘和全方位的数据分析，帮助商家及时了解本店的经营状况，全面掌握竞争对手的详细信息，深入洞悉业界行情，让商家在"知己知彼知行业"的基础上经营淘宝店铺。生 e 经页面如图 7-4-1 所示。

图 7-4-1　生 e 经页面

2. 生 e 经的不同版本

免费版仅能用"单个宝贝分析"的"一键分析"功能分析，如图 7-4-2 所示。

功能	加强版	专业版
流量分析——流量指标&走势	√	√
流量分析——按访客时段/省份分析	√	√
流量分析——宝贝/类目/搜索页分析	√	√
行业分析——热销宝贝 TOP100/店铺 TOP30	√	√
行业分析——卖家信用/城市分布	√	√
流量分析——流量来源分析	√	√
流量分析——淘宝搜索/直通车关键词分析	√	√
销售分析-销售指标&走势	√	√

图 7-4-2　生 e 经功能

175

3. 如何订购生e经

（1）在"我是卖家"页面单击"订购服务"按钮，如图7-4-3所示。

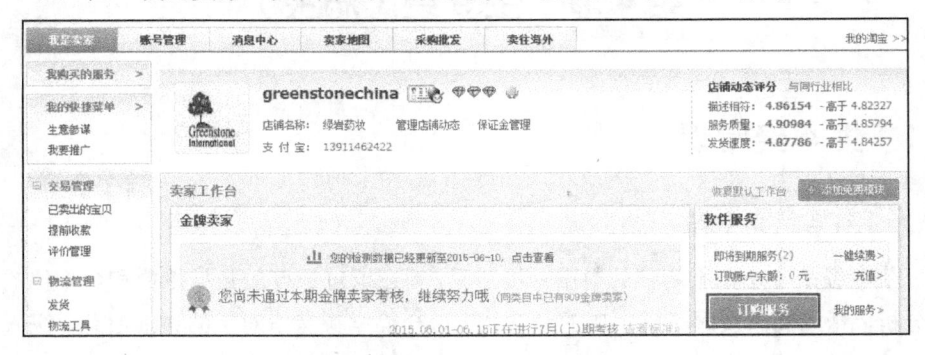

图7-4-3 "我是卖家"页面

（2）进入"淘宝卖家服务"页面，在该页面搜索"生e经"，单击搜索结果中的"生e经"图标，如图7-4-4所示。

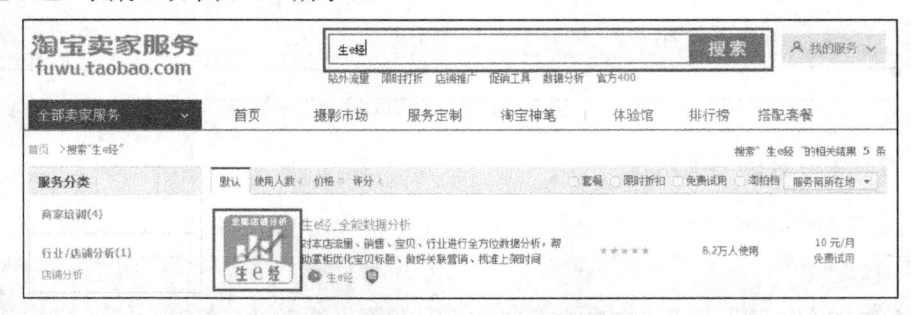

图7-4-4 淘宝生e经搜索

（3）进入生e经订购页面，在该页面选择"服务版本"、"周期"后，单击"立即订购"按钮，如图7-4-5所示。

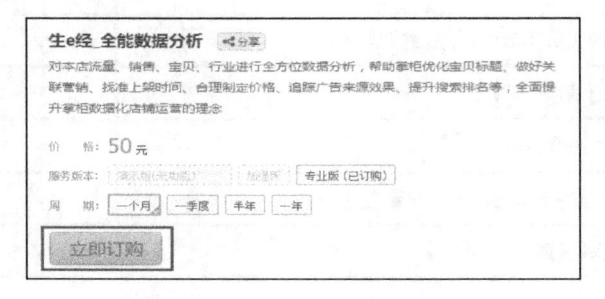

图7-4-5 生e经订购页面

第 7 章　常用网店数据分析工具

（4）进入"购买明细"页面，在该页面单击"同意协议并付款"按钮（见图 7-4-6），在支付宝付款页面完成付款。

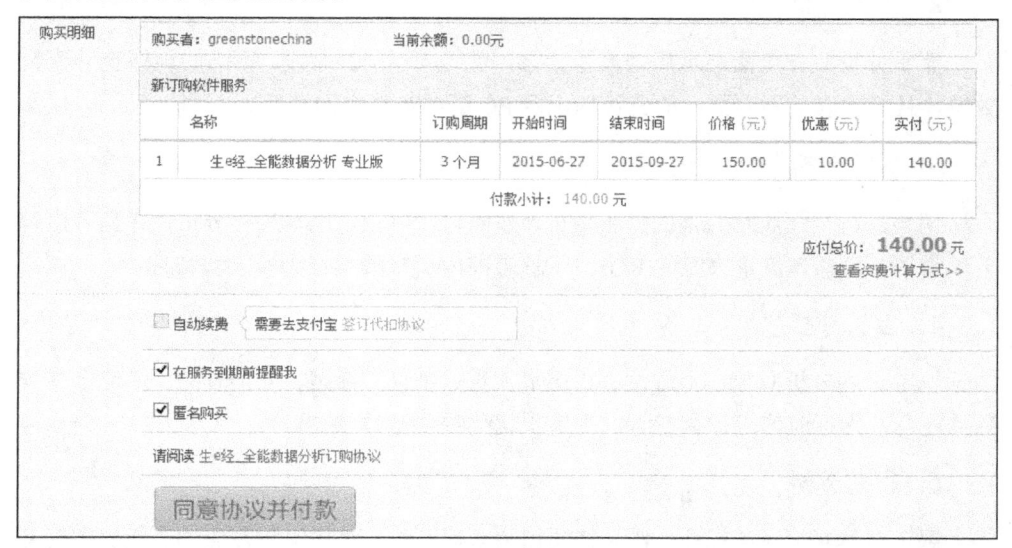

图 7-4-6　生 e 经"购买明细"页面

4．生 e 经入口

在"我是卖家"页面单击"我购买的服务"，即可找到生 e 经入口，如图 7-4-7 所示。

图 7-4-7　生 e 经入口

4.2　生 e 经功能详解

1．首页

首页旨在全面展示店铺经营的核心数据分析，可查看的数据包括今日指标、昨日站内来源 TOP、昨日站内来源降幅、昨日宝贝 TOP10、昨日宝贝降幅榜、昨日搜索词

TOP10、昨日省份 TOP10 及行业参考；左侧包含功能快捷入口、数据下载及公告。

2. 流量分析

流量分析旨在全面展示店铺流量数据，包括从不同的时段、不同的地域查看流量数据，且给出店铺不同页面的受访情况及 PC 端的流量来源情况。

3. 销售分析

销售分析全面展示店铺的销售数据，按照付款时段、地域进行分析，并且可追踪下单路径、了解各流量来源的 ROI、了解店铺内买家购买行为及人群特征。

4. 宝贝分析

以宝贝为分析对象，全方位分析宝贝流量、销售、标题、上架时间、搭配销售等数据内容，为行业信息提供参考，为宝贝优化提供数据依据。

5. 行业分析

展示自然月内，各行业、各品牌的相关数据，包括热销宝贝及店铺、卖家信用及城市分布、子行业成交量分布、品牌及属性成交分布、上架时间及宝贝价格分布；并且可设置不同条件来对行业或品牌进行情况收集。

6. 手机淘宝

展示通过手机端进入店铺的流量、销售数据，包括按照时段、省份、来源的流量数据，按照时段、省份分析的销售数据，以及店铺各页面手机端流量的构成。

第 5 节　数据罗盘（京东）

5.1　数据罗盘小常识

1. 什么是数据罗盘

数据罗盘是京东商城为开放平台商家推出的数据工具，包含"店铺分析"、"行业数据"和"京东实验室"三大板块，涵盖了 20 余项主题数据，提供流量分析、销售分析、广告分析、仓储分析、配送分析、售后分析、行业分析等多维度的数据。

2. 数据罗盘入口

（1）单击商家后台右上角的"数据罗盘"按钮，如图7-5-1所示。

图 7-5-1　数据罗盘入口

（2）登录网址：http://luopan.jd.com/。

案例：

　　京东商城数据开放平台"数据罗盘中级版"正式上线，该产品基于云计算技术，跨越了业界大数据、高并发、实时展现的三大系统功能的门槛，主动地为京东开放平台的商家提供实时、简洁一致、更加专业深入的店铺运营工具，是商户"精准营销、数据掘金"的强大利器。

　　目前，已有上万家京东商城开放平台的商家选择该服务。华盛营养专营的宋丽娜表示："京东数据罗盘中级版让我们可以睁开眼睛做生意，平台的优化速度和反馈机制都表现突出，我对月底即将推出的实时监控功能十分期待。"

　　作为京东开放平台的首批商家，华盛营养专营更为看重京东的综合购物体验和优质的用户群体。作为一家传统企业，华盛自2008年触网以来收获颇丰，有了京东数据罗盘，华盛不仅能更好地服务已有客户，更能够精准地对潜在客户群进行营销。

　　小狗电器的负责人张哲也表示，"小狗"本来就是在进行差异化营销和竞争，有了京东数据罗盘，就能够准确地进行客户定位和营销。

5.2　数据罗盘功能详解

1. 店铺分析

　　针对商家店铺提供的，可查询包括经营报告、销售分析、流量分析、装修分析、客户分析等多维度的数据内容。

- **经营报告**：经营概况、移动端经营概况、实时经营概况。
- **销售分析**：销售分析、商品统计排行、商品销售明细、订单明细统计。
- **流量分析**：流量分析、流量概况、按天流量分析、流量来源分析、访客来源分析、商品页流量分析、来源成交分析、关键词分析。
- **无线端分析**：更精确地说，是无线端流量分析，具体包括移动端整体、M端、APP端、微信端、手机QQ端及其他。
- **商家评级**：店铺动态评分，以天为单位查看店铺综合评分及商品评分、服务评分。
- **装修分析**：包括热力图分析及装修趋势分析两部分，为商家提供页面关注情况及转化效果。
- **客户分析**：对已经在店铺内购买的客户，进行购买件数、下单量、购买金额的分析，并且给出了不同等级客户的数量，以及客户的地域情况。
- **售后服务**：售后概况，可查看31天内退换货、工单及工商投诉的数据，显示"暂无数据"表示没有以上售后情况发生。
- **行业分析**：行业分析、行业快讯。
- **行业快讯**：热卖指数、成交商品指数。

2. 行业分析

给出某时间段内行业整体趋势，各子行业的排行情况，热销商家、商品的排行，销量增长快的商品，以及买家特征、购买行为分析。

- **行业分析**：行业整体趋势、子行业排行榜单、热销商家排行、热销商品排行、买家特征分析。
- **属性分析**：可查看昨天、近7天、近30天内三级类目下的商品属性的成交情况及店铺、商品分布情况。
- **行业关键词分析**：可查看昨天、近7天、近30天内二级、三级类目下的行业热词TOP榜单、行业热词飙升榜单的数据，且可对店铺内商品标题覆盖关键词进行分析。

3. 京东实验室

提供用户深度分析功能，目前主要有性别分析及颜色分析，可为商家进行与性别及颜色相关的营销活动提供参考。

- **性别分析**：利用每个店铺下单用户在京东平台上的全量购买数据，判断单个用户的性别，可用于所有基于性别的精准营销活动。
- **颜色分析**：利用每个店铺下单用户在京东平台上的全量购买数据，判断单个用户喜好颜色的倾向，可用于所有基于颜色偏好的精准营销活动。

本章练习题

一、是非题

1. 生意参谋平台是阿里巴巴推出向商家提供一站式、个性化、可定制的商务决策体验。　　　　　　　　　　　　　　　　　　　　　　　　　（　　）

2. 赤兔是客服绩效管理的工具软件，不能分析买家流失的原因。（　　）

3. 数据魔方可以随意订购。（　　）

二、多选题

1. 下列属于生e经功能的有（　　）。

A．流量分析　　B．销售分析　　C．宝贝分析　　D．增加客户

2. 京东实验室提供用户深度分析功能，目前主要有（　　），可为商家进行与性别及颜色相关的营销活动提供参考。

A．性别分析　　B．颜色分析　　C．行业分析　　D．店铺分析

三、问答题

1. 请列举常用的网店数据工具。

2. 淘宝数据魔方能指导企业和卖家有依据地生产、研发并合理地营销，请谈谈数据魔方的作用，以及如何订购。

第 8 章

数据分析工具的使用

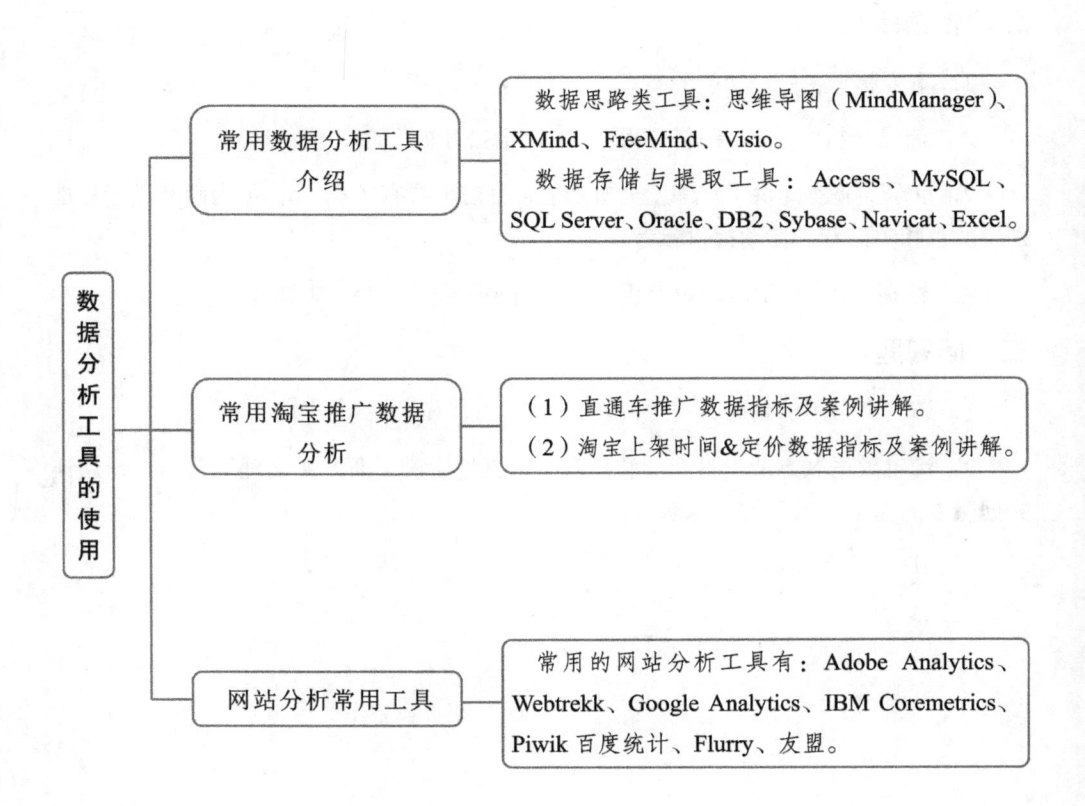

```
数据分析工具的使用
├── 常用数据分析工具介绍 ── 数据思路类工具：思维导图（MindManager）、XMind、FreeMind、Visio。
│                         数据存储与提取工具：Access、MySQL、SQL Server、Oracle、DB2、Sybase、Navicat、Excel。
├── 常用淘宝推广数据分析 ── （1）直通车推广数据指标及案例讲解。
│                         （2）淘宝上架时间&定价数据指标及案例讲解。
└── 网站分析常用工具 ── 常用的网站分析工具有：Adobe Analytics、Webtrekk、Google Analytics、IBM Coremetrics、Piwik 百度统计、Flurry、友盟。
```

第8章 数据分析工具的使用

第1节 常用数据分析工具介绍

1.1 数据思路类工具

常用工具：思维导图（MindManager）、XMind、FreeMind、Visio。

作用：数据分析思路的拓展和管理，便于记忆并组织思路。

应用：项目分析思路、工作规划、头脑风暴、创意。

1.2 数据存储与提取工具

（1）常用数据存储工具：Access、MySQL、SQL Server、Oracle、DB2、Sybase。

（2）常用数据提取工具：

①数据库工具。

②Navicat（SQL 客户端）。

③Excel、数据分析和挖掘工具的数据接口。

这些工具应用于数据项目的起始阶段，用于原始数据或 ETL[11] 后数据的存储与提取，并进行初步计算和筛选，如计数、汇总、求和、排序、过滤等。常用的数据库工具如下。

1. Access

Access 是 Office 套件之一，微软发布的关系型数据库。

- **适用人群**：个人及小规模数据量。
- **优点**：与 Office 产品结合好，界面化操作。
- **缺点**：数据文件不能突破 2G，结构化查询语言（JET SQL）能力有限，不适合大型数据库处理应用。

---

[11] ETL（Extract-Transform-Load，数据仓库技术）用来描述将数据从来源端经过抽取（Extract）、转换（Transform）、加载（Load）至目的端的过程。

183

2. MySQL

MySQL 是世界级开源数据库，属于 Oracle 的关系型数据库。

- 适用人群：中、小型企业及部分大企业。
- 优点：体积小、速度快、成本低、开放源码、应用广泛。
- 缺点：相比大型付费工具，其稳定性和商业支持不足，缺乏存储程序功能等。

3. SQL Server

SQL Server 是由微软开发的关系型数据库。

- 适用人群：大、中型企业。
- 优点：与微软产品线结合紧密、支持大多数功能、界面友好、易于操作、具有丰富的接口、伸缩性好。
- 缺点：只支持 Windows、多用户时性能受限、图形界面执行效率低。

4. Oracle

Oracle 是世界级数据库解决方案，Oracle 的关系型数据库。

- 适用人群：大型企业。
- 优点：兼容性好、多平台支持、高效率、稳定性、可连接性广泛。
- 缺点：功能复杂、多用户时性能受限、图形界面执行效率低。

1.3 数据分析与挖掘工具

- 入门基本工具：Excel（函数、数据分析模块）。
- 专业应用工具：SPSS、Clementine、SAS。
- "骨灰级"工具：Python、R。

作用：通过模型挖掘数据关系和深层数据价值。

应用：数据项目的核心阶段，用于数据挖掘处理。

1. Excel

Excel 是 Office 基本套件，自带函数功能和数据分析模块。

第 8 章 数据分析工具的使用

- **适用人群**：入门数据分析师、经验丰富的 VBA 工程师。
- **优点**：基本工具、使用广泛、模块简单。
- **缺点**：功能简单、适用场景较少。

2．SPSS

SPSS，现名为"PASW Statistics"，数据统计和分析的主要工具之一。

- **适用人群**：数据统计和基本挖掘的数据分析师。
- **优点**：基本数据统计和处理功能强大、可用模型较多，可与 Clementine 结合。
- **缺点**：数据挖掘的流程控制较弱。

3．Clementine

Clementine 是专业的数据挖掘工具。

- **适用人群**：数据挖掘工程师、高级分析师。
- **优点**：丰富的数据挖掘模型和场景控制、自定义功能，可与 SPSS 结合。
- **缺点**：功能略显复杂，需要丰富的实践经验。

4．SAS

SAS 是专业的数据挖掘工具。

- **适用人群**：数据挖掘工程师、高级分析师。
- **优点**：丰富的数据挖掘模型和场景控制、平台化、EM 模块整合。
- **缺点**：学习难度大。

（5）R

R 是免费、开源的专业数据统计、分析、挖掘和展现工具。

- **适用人群**：程序员、数据挖掘工程师。
- **优点**：免费、开源、功能丰富、应用广泛。
- **缺点**：学习难度大，需要编程能力。

6．Python

免费、开源的编程语言，其中可应用数据计算方向。

- **适用人群**：程序员、开发工程师、数据挖掘工程师。

- **优点**：免费、开源、容易上手、适合大数据应用。
- **缺点**：独特的语法、运行速度比 C 和 C++ 慢。

1.4 数据可视化工具

- 入门展示工具：Excel（PowerPivot[12]）、PPT。
- 专业可视化工具：Tableau、Qlik、水晶易表。
- 其他工具：Google Chart。

作用：展现数据结果。

应用：数据项目的结尾，通过数据展现增加沟通效果。

1．Tableau

Tableau 是付费的商业可视化工具。

- **适用人群**：图形可视化人群、分析师、BI 人员。
- **优点**：接口较为丰富、美观、操作相对简单。
- **缺点**：侧重于可视化、缺少深入挖掘的功能。

2．水晶易表

水晶易表（Crystal Xcelsius）是全球领先的商务智能软件商 SAP Business Objects 的最新产品。只需要简单的点击操作，Crystal Xcelsius 即可令静态的 Excel 表格充满生动的数据展示、动态表格、图像和可交互的可视化分析；通过一键式整合，可将交互式的 Crystal Xcelsius 分析结果轻松地嵌入到 PowerPoint、Adobe PDF 文档、Outlook 和网页上。

- **适用人群**：图形可视化人群、分析师、BI 人员。
- **优点**：操作简单（Office 整合）、美观、动态文化。
- **缺点**：侧重于可视化、付费。

---

12 PowerPivot 指的是一组应用程序和服务，它们为使用 Excel 和 SharePoint 来创建和共享商业智能提供了端到端的解决方案。使用 PowerPivot 加载项可以更快速地在桌面上分析大型数据集。PowerPivot 通过使用其内存中的引擎和高效的压缩算法，能以极高的性能处理大型数据集。处理数百万行和几百行的性能基本相同。

1.5 商业智能类

BI（Business Intelligence），即商业智能。

- 内涵：数据仓库、OLAP、数据挖掘。
- 内容：数据仓库、数据抽取、OLAP、数据可视化、数据集成。
- 常用工具：微软、IBM、Oracle、SAP、Informatica、Microstrategy、SAS。

作用：数据综合处理和应用。

应用：数据工作的整个流程，尤其是智能应用。

1. 微软商业智能（SQL Server 系列）

SQL Server BI 产品组成：

- SSIS：集成服务，ETL 及整体 BI 的调度。
- SSAS：分析服务，包括 Cube、OLAP 和数据挖掘。
- SSRS：报表服务，包括订阅和发布等功能。

另外，通过 Excel、SharePoint 可做数据门户和集成展示；通过 Performance Server 做绩效管理应用。

2. IBM Cognos

IBM Cognos 是世界级商用 BI 解决方案之一，具有广泛的易用性、稳定性、完整性。Cognos 产品组成如下。

- Powerplay Transformation Server：数据连接、调度、ETL。
- Powerplay Enterprise Server：第三方集成、OLAP、数据门户。
- ReportNet Server：数据展现和详细定义。
- Access Manager：安全管理模块。
- Powerplay Client：ES 的客户端，OLAP 报表制作工具。

3. Oracle BIEE（Business Intelligence Enterprise Edition）

BIEE 的数据模型，也是世界级商用 BI 解决方案之一。

- 物理层（Physical）：用于定义和连接各类异构数据源。
- 逻辑层（Business Model and Mapping）：定义逻辑模型与物理模型间的映射关系。

- 展现层（Presentation）：前端展现和应用。

4. SAP Business Intelligence

BI：端到端的数据应用平台，包括：Business Objects Enterprise（BI 平台）、Crystal report（企业及报表）、Web intelligence（查询分析）、Crystal Xcelsius（水晶易表）等。

第 2 节　常用淘宝推广数据分析

2.1　直通车推广数据指标及案例讲解

"淘宝量子店铺统计官方版"中的"推广效果"模块中，为您提供了"直通车数据"的功能，它以"推广计划"—"宝贝"—"关键词/类目"的层次为您提供直通车推广的详细数据报表，为您调整、优化推广方案提供参考。

1. 实时访问数据

在"直通车"→"实时访问数据"中，您可以查看店铺当前的被访情况，包括来访时间、关键词、竞价入口、访客位置等信息，让您时刻了解店内客户访问情况。

单击"顾客"，还可以使用"访客跟踪"功能，详细了解客户的访问轨迹。

2. 直通车基础数据

1）账户平台报表

（1）账户平台数据简报。在"账户平台数据简报"中，可以看到直通车推广的全店汇总数据，包括花费、展现量、点击量和平均点击花费。您也可以自定义不同时段查看数据，还可以快速查看过去 7 天、最近 30 天等不同时段的数据。

（2）账户平台花费分布。在"账户平台花费分布"中，可以查看所选时段的总花费分别在"站内—关键词搜索"、"站内—定向推广"、"站内—类目搜索"、"站外—淘宝联盟"的分布。

（3）账户平台详细报表。在"账户平台详细报表"中，可以查看所选时段的全部推广计划及单个推广计划在不同投放平台的推广数据，包括展现量、点击量、花费等，还可以选择"下载"详细报表。

2）宝贝报表

（1）宝贝数据简报。您可以在"宝贝数据简报"中根据选定的推广计划、推广类型和时间段，查看宝贝的展现量、点击量等汇总数据。

（2）TOP10 宝贝。"TOP10 宝贝"为用户提供不同数据指标排行 TOP10 的宝贝。您可以自定义选择查看不同的数据指标。

（3）TOP50 宝贝详细报表。在"TOP50 宝贝详细报表"中，可以看到按不同数据指标排行的 TOP50 宝贝的详细数据，包括点击量 TOP50 宝贝、展现量 TOP50 宝贝、点击量为 0 的宝贝等数据，还可以输入宝贝名称进行相应宝贝的数据查询。

单击"更多关键词"，还可以查看宝贝的全部关键词数据；更可以进行指标排序和下载详细报表。

3）关键词报表

（1）关键词数据简报。在"关键词数据简报"中，可以根据选定的推广计划和时间段，查看关键词的展现量、点击量等汇总数据。

（2）TOP10 关键词。"TOP10 关键词"提供了不同数据指标排行 TOP10 的关键词。您可以自定义选择查看不同的数据指标。

（3）TOP50 关键词详细报表。在"TOP50 关键词详细报表"中，可以看到以不同数据指标为标准排行的 TOP50 的关键词详细数据，包括点击量 TOP50 关键词、展现量 TOP50 关键词、点击量为 0 的关键词等数据，同时也可以输入关键词名称进行相应关键词的数据查询，还可以选择"下载"详细报表。

4）地域报表

您可以根据选定的地区和时间段，查看直通车的推广数据。图表区以地图形式展现不同地区的花费、点击量、展现量等数据。"详细报表"更为您提供了不同地区的详细推广数据。

单击"查看"→"趋势"，会显示相应的地域趋势页面；还可以下载和打印详细报表。

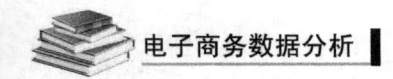

5）时段报表

（1）分日报表。在"分日报表"中，您可以根据选定的日期按小时查看直通车的推广数据。

（2）时段对比。在"时段对比"中，当您选中"和其他时间对比"的复选框后，可以对比不同数据指标在不同时段的推广数据。

案例：

某店铺是一个 2 钻的玩具店铺，主要经营摇摆机、摇摇车等各种大型游乐设备。店铺 DRS 数据情况不是很好，宝贝的客单价在 1500 元以上，有一定的基础销量，评价还不错。

客户线下有自己的实体店运营，平时比较忙碌，所以才选择专业的人士为店铺做直通车推广。

在选款上：我们要根据不同的数据情况进行分析，根据宝贝自身条件来选择做推广。前期要测款，数据情况好的留下，继续推广；数据情况差的，停止推广，减小整个后台的消耗。在这方面，只要关注这几个数据即可：收藏量、跳失率、旺旺咨询数、性价比、库存、转好、应季性。分析这几个数据指标，选择更合适的款式来做，可以实现更好的效果。

考虑宝贝的利润：首先是了解宝贝的利润情况，再来看宝贝的市场行情和市场定价。如果我们自己推广的宝贝客单价定得比较高，可以在考虑利润空间的前提下重新协商定价，对宝贝进行修改和完善。

关键词优化：直通车后台的数据靠的就是关键词。在关键词上，我们要对关键词做筛减、添加，并不停地优化和更新。前期做推广，宝贝需要曝光度，我们在这块可以加大力度，增大宝贝的流量。后期数据积累起来后，质量得分培养起来了，我们的出价就要降低，直通车整体的消耗就可以得到控制。

PPC：对于 PPC 低的关键词、点击量大的关键词，做提高出价的调整；对于 PPC 高的关键词、点击量小的关键词，做降价的调整；对无展现、无点击量的关键词，做删除调整；对展现高、平均排名靠后的关键词，做提高出价的调整。

经过近两个月的操作，店铺各方面终于得到了一定的提升。

2.2 淘宝产品上架时间&定价数据指标及案例讲解

1. 产品上架时间分布

原理：同等条件下，距离产品上架（下架）时间越近的产品，排名越靠前。

1）每天上架产品数量确定

淘宝产品自动上下架时间为 7 天，确定店铺一周内每天应该上架的产品数量。

数据处理过程：

（1）制作周度访客统计表。

（2）得出每天的访客之比。

（3）用访客总数×访客占比，如表 8-2-1 所示。

表 8-2-1　上架产品数据统计表

天	访客总数	访客占比
周一	9703347	14.56%
周二	9942302	14.92%
周三	9974203	14.97%
周四	10064499	15.10%
周五	9397962	14.10%
周六	8780562	13.17%
周日	8783900	13.18%
总和	66646775	

2）每时段上架产品数量确定

确认每天不同时段上架的产品数量。

（1）确认访客较多时段。

数据来源："数据魔方"→"行业分析"→"买家信息分析"→"来访时段"。

注意事项：

①数据周期选择"上个月"。

②淘宝店铺，则选择淘宝端数据。

③商城店铺，则选择全网端数据。

（2）寻找在线宝贝数少的时段（见表 8-2-2）。

数据来源："生 e 经"→"行业分析"→"产品上架时间分布"。

注意事项：

①查看来访高峰时段选择相同或近似类目的数据。

②查看来访高峰时段相同时间段的数据。

表 8-2-2 时段产品上架表

上架时段	成交量	销售额指数	访客数	高质宝贝数	高质宝贝平均访客数
13时	42260	6271	7976448	342	23323
9时	62433	7812	8578980	368	23312
11时	69392	8906	8966597	477	18798
17时	31637	3747	6735009	364	18503
22时	26972	3767	6561238	366	17927
15时	81457	10000	9286448	523	17756
21时	63089	7719	8325469	477	17454
12时	37716	3380	6060475	373	16248
14时	31451	3602	6438001	482	13357
16时	30849	3559	6249238	474	13184
20时	24919	2732	5871712	454	12933
10时	44212	4816	6896770	568	12142

产品发布其他建议：

①周五晚上、周六及周日上午发布数量少。

②建议分布时间以某时段 30 分钟为中心点。

③同一时段多个产品时，先以 10 分钟为间隔扩展，再以 5 分钟为间隔扩展。

④季节性强的产品，充分考虑其季节性。

3）产品上架时间检查

数据来源："生 e 经" → "宝贝分析" → "上架时间&计划"，如图 8-2-1 所示。

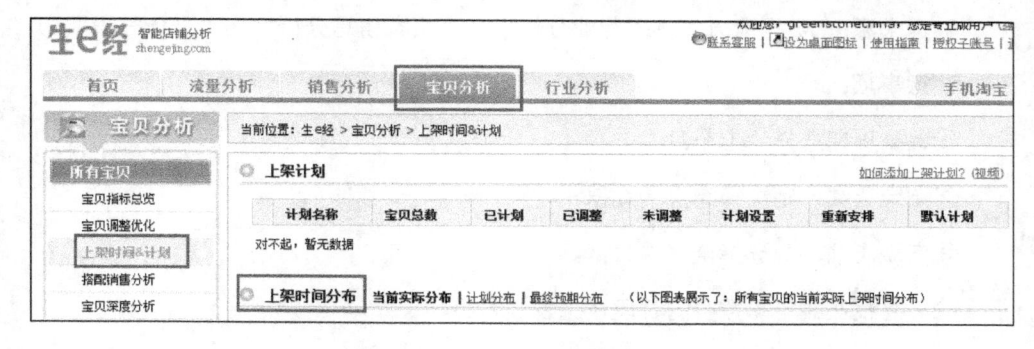

图 8-2-1 产品上架时间检查

2．产品销售定价

原理：找到市场规模大、市场对手少的价格段。

1）确认默认价格段（见图 8-2-2）

图 8-2-2　产品销售定价图

数据处理过程如下：

- 下载数据报表，寻找指数较高的几个价格段。
- 求得宝贝平均销售指数。
- 选择宝贝平均销售指数较高的价格段。

2）确认自定义价格段

确认的默认价格是 100～150 元、150～200 元、200～300 元。

数据处理过程如下：

- 自定义价格段进行销售额指数对比。
- 选择销售额指数较高的价格段。
- 求得宝贝平均销售额指数。
- 选择宝贝平均销售额指数大的价格段。
- 不断重复此过程，直到找到合适的价格段。

案例：

有一个卖内衣的女店主，因为新开的店，没信誉、没流量，宝贝关键词挺好，产品图片也很漂亮，但因为是新店，销量很低。她店铺里的内衣价格都很低，一件内衣只卖 10～20 元，她说因为是新店怕卖高了没人买！后来请教相关专业人员，发现她的定价必须改，在保证产品质量的同时，必须要提升产品价值，要让客人买了东西后感觉值、感觉满意才可以！

产品定价主要有以下原则：

（1）产品本身，这也是最基本的。一个好的产品，必须要有一个好的价格，这样才能体现出产品的价值。一个好的价格可以准确地表达出产品本身的定位，买家在根据价格选择产品的同时，也表现出了买家本身对产品的期望。所以，产品的价格也可以准确地反映出一个产品的质量定位。所以，本身产品质量过硬的产品，可以在定价时稍微高一点；但是如果产品质量平平，那也就只能定一个平常的价格。

（2）客户心理预期。这一点比较复杂，需要大量的数据，在这里举一个比较简单的例子来说明一下。比如我要买一把电热水壶，在买之前去超市看了一下，一把好一点的热水壶要五六十元，当时心里觉得好贵。于是打算去淘宝上看看有没有质量好又便宜的，然后我就在淘宝上找，找到几个产品价位都在40元左右，选了一家就下单买了。收到货后发现，40元的电热水壶很好用，质量也不错，心里非常高兴，当下就决定收藏那家店铺以后再买。

所以在整个购物过程中，抓住消费者的心理很重要。消费者都有一个预期价格，当你的价格与他的预期价格差不多时，他一定会选择你的产品！

第3节 网站分析常用工具

3.1 Adobe Analytics

Adobe Analytics 是一种行业领先的解决方案，用于收集、整理、分析和报告关于客户所做的一切。

Analytics 可整合所有营销数据，帮助用户提供个性化程度更高的体验，更明智地使用广告费用并利用您的内容实现盈利；获取专为移动营销人员设计的仪表板和报告，并将应用程序数据与更广泛的营销指标整合起来；随着 Web 分析需求的增长，可将 Analytics 与全方位客户视图、强大的预测模型和跨渠道属性相结合。

3.2 Webtrekk

Webtrekk 是一个以原始数据为基础,提供网站分析工具和服务的公司。与美系的商业级分析工具一样,Webtrekk 也可以提供从实时分析、社交媒体分析、APP 应用追踪到线下电视广告效果追踪的全套分析工具和服务。此工具的主要特点如下。

(1)实时:工具提供插件处理并展示实时数据。

(2)原始数据:所有分析过程基于原始数据进行。

(3)快速:工具提供预设置和缓存功能,提高使用工具的效率。

3.3 Google Analytics

Google Analytics 是 Google 的一款免费的网站分析工具,其功能非常强大,只要在网站的页面上加入一段代码,就可以提供丰富详尽的图表式报告,提高网站的投资回报率、转换率,在网上获取更多收益。

Google Analytics 可对整个网站的访问者进行跟踪,并能持续跟踪到营销广告系列效果,不论是电子邮件广告系列,还是任何其他广告计划。利用此信息,可了解哪些关键词真正起作用、哪些广告词最有效、访问者在转换过程中从何处退出。Google Analytics 分析图如图 8-3-1 所示。

图 8-3-1　Google Analytics 分析图

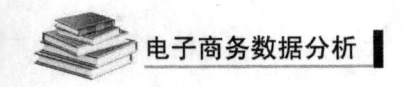

3.4 IBM Coremetrics

IBM Coremetrics 网站分析和营销优化工具能帮助营销人员全面掌握网站访客的情况及客户的行为，并可以提供一套综合全面的网站会话指标，衡量其在线营销方案的效果，了解社交媒体战略对业务的影响，并自动实现交叉销售和追加销售。此外，网络行为分析洞察服务能够捕获访客在各个营销触点及渠道中的数字化轨迹，营销人员只需点击数次便可获得深入的洞察并制定个性化的营销方案。

Coremetrics 数字营销优化方案能够将从客户档案和网站分析报告中获取的数据和洞察力无缝整合到应用中，然后通过网络、社交和移动渠道轻松地展示广告、执行搜索活动、发送电子邮件，以及提供个性化建议等。

3.5 Piwik 百度统计

百度统计是百度推出的一款专业网站流量分析工具，能够告诉您访客是如何找到并浏览您的网站的，以及如何改善访客在您网站上的使用体验，帮助您让更多的访客成为客户，不断提升网站的投资回报率。

百度统计提供了几十种图形化报告，全程跟踪访客的行为路径，并且帮助监控各种网络媒介推广效果，让您及时了解哪些关键词、哪些创意的效果最好。同时，百度统计集成百度推广数据，帮助您及时了解百度推广效果并优化推广方案。

基于百度强大的技术实力，百度统计提供了丰富的数据指标，系统稳定、功能强大，但操作简易。登录系统后按照系统说明完成代码添加，百度统计便可马上收集数据，为您提高投资回报率提供决策依据。

3.6 Flurry

作为移动应用统计分析领域里的标杆平台，Flurry 拥有非常全面的功能，其不仅仅限于数据统计、分析功能，还提供 App Circle 广告、推广平台功能。可以说，Flurry 是目前最全面的移动应用统计分析产品，除了统计单个应用内的各类数据指标外，还可以提供跨应用之间的转化统计等针对企业级用户的功能。单纯从移动应用的数据统

第 8 章　数据分析工具的使用

计功能来看，Flurry 也处于领先地位。其功能模块设置合理、分析维度全面、分析流程易于理解，堪称最强。Flurry 分析平台如图 8-3-2 所示。

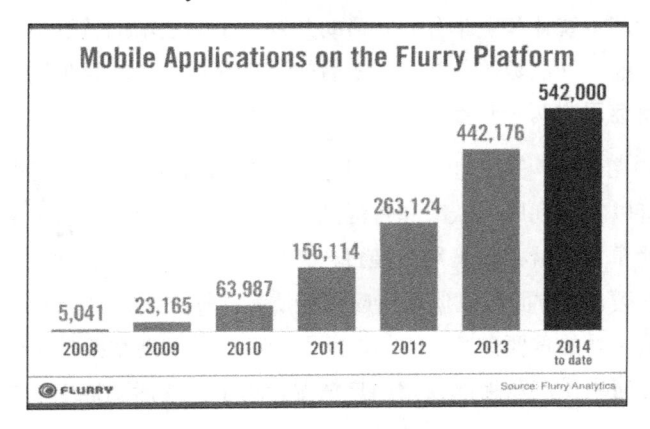

图 8-3-2　Flurry 分析平台

3.7　友盟

友盟是创新工场孵化的项目之一，是目前国内开发者最熟悉的移动应用数据统计分析平台，如图 8-3-3 所示。在某种层面上来看，友盟与 Flurry 有很多相似之处。在平台方面，友盟目前支持 iOS、Android 及 Windows Phone 平台（目前 Windows Phone 平台仅提供统计分析 SDK）。

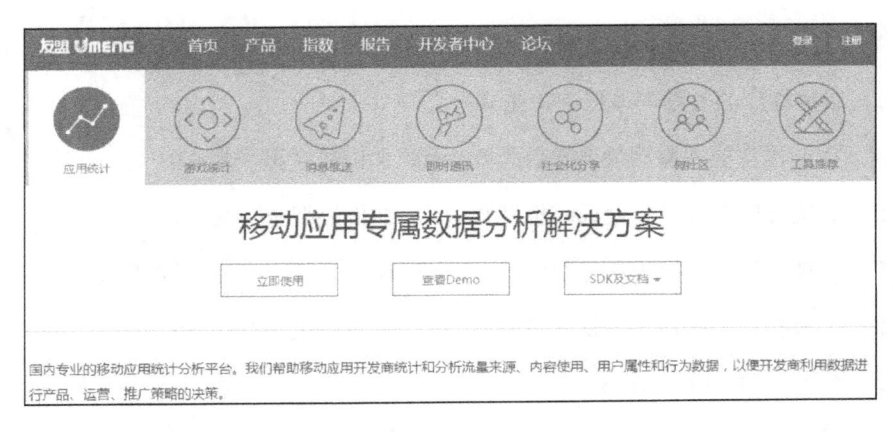

图 8-3-3　友盟分析平台

197

针对应用数据统计分析而言，友盟提供的功能比较全面。其模块设计思路，基本上是沿着基本情况、用户情况、设备情况、事件监控、转化分析这一流程不断深入的。统计概况中包含基本统计和版本分布，帮助开发者了解基本的数据情况，主要是用户增长情况和应用的启动次数等信息。在随后的用户分析中，友盟在最新的更新中加入了活跃用户和留存用户两个新参数。

在活跃用户图表中，开发者不仅可以了解到应用的日活跃、周活跃、月活跃用户数量趋势，还可以了解到周活跃率和月活跃率。而"留存用户"则是用于考察用户忠诚度的参数，简单来说就是新增用户经过一段时间后，仍有多少用户继续使用应用。这个参数比较重要，一方面可以体现出应用的质量；另一方面，它也是考察运营动作、渠道推广、渠道质量的重要参数。比如，开发者可以通过考察某一时间点的留存用户情况，对比自身应用推广获得的新增用户情况，用于评估活动推广效果、渠道用户质量等运营细节。

本章练习题

一、是非题

1. SPSS 是常用的数据提取工具。　　　　　　　　　　　　　　（　　）

2. 数据思路类工具能保证数据分析思路的拓展和管理，便于记忆并组织思路。

　　　　　　　　　　　　　　　　　　　　　　　　　　　　（　　）

二、单选题

1. 店铺推广的关键词最低起价是多少？（　　）

   A．店铺推广的关键词最低起价是 0.1 元。加价幅度至少为 0.01 元

   B．店铺推广的关键词最低起价是 0.1 元。加价幅度至少为 0.1 元

   C．店铺推广的关键词最低起价是 0.2 元。加价幅度至少为 0.01 元

   D．店铺推广的关键词最低起价是 0.2 元。加价幅度至少为 0.1 元

2. 不属于 MySQL 的优势的是（　　）。

   A．体积大　　　　　　　　　　B．速度快

   C．成本低　　　　　　　　　　D．开放源码、应用广泛

三、多选题

Adobe Analytics 的优点包括（　　）。

A．帮助用户提供个性化程度更高的体验，更明智的使用广告费用并利用您的内容实现盈利

B．获取专为移动营销人员设计的仪表板和报告

C．将应用程序数据与更广泛的营销指标整合起来

D．随着 Web 分析需求的增长，可将 Analytics 与全方位客户视图、强大的预测模型和跨渠道属性相结合

四、问答题

1．网站分析常用工具有哪些？

2．请分类列举常用的数据分析工具。

第 9 章

数据的管理和输出

数据的管理和输出
- 企业级数据的管理方法与方式
  - 数据管理的目标是要实现对企业数据整个生命周期的统一管理，提供全面、统一、及时和易于使用的数据服务，能够为企业精细化管理提供支撑和服务，通过深度挖掘将数据转化为生产力，为企业发展创造价值。
- 企业级数据存储知识
  - 数据存储技术：如虚拟存储技术、网格存储系统。
  - 数据处理时容易出现的问题：数据量过大、软硬件要求高等。
  - 数据存储的处理方法包括：选用优秀的数据库工具、编写优良的程序代码、对海量数据进行分区操作、建立广泛的索引等。
- 数据输出与管理方法
  - 数据可视化分析：将数据库中每一个数据项作为单个图元元素表示，大量的数据集构成数据图像，同时将数据的各个属性值以多维数据的形式表示，可以从不同的维度观察数据，从而对数据进行更深入的观察和分析。
  - 数据可视化图表主要包含：关系流程类图表、叙事插图型图表、树状结构示意图、时间表述类示意图及空间结构类示意图。

第 1 节　企业级数据的管理方法与方式

1.1　企业级数据的管理目的

数据管理的目标是要实现对企业数据整个生命周期的统一管理，提供全面、统一、及时和易于使用的数据服务，能够为企业精细化管理提供支撑和服务，通过深度挖掘将数据转化为生产力，为企业发展创造价值。

目前很多企业在数据管理方面存在以下几个方面的问题[13]：

（1）数据多头管理，缺少专门对数据管理进行监督和控制的组织。信息系统的建设和管理职能分散在各部门，致使数据管理的职责分散，权责不明确，存在"人人管理、无人负责"的现象。

（2）多系统分散建设，缺少统一的企业级数据标准和数据模型。这样使得数据分散在不同的部门和信息系统中，缺乏统一的数据规划、可信的数据来源和数据标准，导致数据不规范、不一致、冗余、无法共享等。

（3）缺乏统一的主数据和安全管理，不能保障主数据在整个企业范围内保持一致、完整和可控，导致业务数据正确性无法得到保障。

（4）缺乏统一的企业级数据质量管理体系。比如，跨专业的数据质量沟通机制不完善、缺乏清晰的跨业务部门的数据质量管控规范与标准等。

企业级数据管理应能够做到以下方面：

（1）帮助客户克服传统的运营问题，实现更高层次的高效性、灵活性及高度响应性。通过使用虚拟化技术、数据的可移植性，并能够充分利用更加优化的系统和网络资源，以提高效率、降低整体成本。

（2）提高管理能力来加速服务交付。对企业来说，提供优质服务极为重要。服务

---

[13] http://wenku.baidu.com/link?url=3ZoRE2XeZhWR9LZ7bzLJ7FeCN4CBbqdgDCWZ4KbXmZD-Lmi-EiFauVRorLIr3SysHYITAUrpkK_4KZ-dObdUVNdwnlz3WOd9KcJ-SVx08e3

管理能为企业提供可视化、自动化服务，从而保证用户的满意度，确保成本效益和投资回报率。

（3）把各业务紧密地结合在一起，一个高效的和共享的基础设施可以帮助客户对新的业务需求做出快速响应，提供对实时收集的信息做出正确决策的能力。通过使用工具，我们可以从传统运营工作中腾出更多的资源，用于对交易、信息及业务等方面的分析。

案例：

2015 年，中国惠普有限公司（以下简称"中国惠普"）和百分点集团宣布在大数据领域达成战略合作。作为企业级市场的领导者，惠普对企业级市场有深入的理解和洞察；百分点则一直致力于企业级大数据技术与应用，拥有全国最大的第三方消费偏好数据库，为近 2000 家互联网企业及传统企业提供大数据技术平台搭建和大数据驱动的 SaaS 应用，帮助企业用户高效、便捷地开展数据驱动的精细化管理及运营，助力其实施"以用户为中心"的互联网+战略转型。

根据合作协议，双方将结合现有的大数据产品、方案和资源，构建优势互补的综合解决方案。在具体的合作方式上，惠普将结合百分点大数据操作系统（BD-OS）、用户标签管理系统及个性化推荐系统等产品和服务，为企业客户提供从数据获取、存储、整合、分析一直到可视化的大数据整体解决方案。

纵观整个大数据应用市场，以 SaaS 为代表的企业云端应用，正在改变着整个 IT 的格局。长久以来，被投资者和创业者们忽略的 2B 市场正在创造自己的"黄金时代"。2014 年，国内企业级服务有 230 起投资，相比 2013 年的 67 起，增幅达到 243%。其中，获得 2500 万美元的 C 轮融资的百分点也宣布进入企业级大数据应用与云平台市场。苏萌透露："百分点目前正在进行 D 轮融资，具体融资信息将在近期公布。"

1.2 当前市面上典型的企业级数据管理机构

1. 爱数

爱数是提供智能数据管理的云计算公司，整体数据管理业务已经遍及全球市场。

爱数的数据管理解决方案着眼于企业最核心的资产——数据，并从基础设施层、数据应用层和数据分析层三个维度出发，帮助客户解决 CAMS 趋势下的数据管理需求。

2．中软卓成

北京中软卓成科技有限公司是亚太本土管理软件开发服务商，是经国家认证的"双软"高新技术企业。其主要的服务范围包括以下部分。

1）软件开发与服务

- 数据整合业务：将企事业单位的信息化管理软件、文档、邮件及网络中的数据提取整合分析并为领导层决策提供详尽数据支持的智能管理系统。
- 办公自动化：卓成协同 OA 管理平台，包括知识文档管理、人力资源管理、客户关系管理、项目管理、财务管理、工作流程管理、数据中心等。
- 软件定制开发：可根据各行业客户的需求"量身定制"，实现"一对一"贴心服务，做到软件系统适合行业特点、适合企业特点、与企业发展相匹配，精确优质。

2）系统集成服务

根据客户的具体需求，为客户办公及生产区域设计和构建一个包含网络综合布线、视频监控、防盗报警、会议室、电话通信、机房建设、服务器等软硬件系统综合平台，提供全系列的解决方案与服务。

3）IT 硬件产品

网络与服务器设备、软件与 IT 等专业化消费产品、办公自动化与耗材等配套产品、办公数码产品。

4）培训与咨询

软件开发与实训、IT 咨询与行业交流。

1.3 企业级数据管理的方式

1．企业数据安全管理常用的方法和手段

企业数据安全最大的问题就是，数据保存、传输、调阅等各个环节的安全保障。针对数据的保存归档、传输管理等也产生了多种安全保障措施，不同的企业会根据自

身需求采取不同的措施。但是大部分中小企业由于无法承受高额的安全系统投入成本和维护费用，它们需要一种功能完备、价格低廉的系统来保证企业数据的安全。企业数据包括历史数据、代码、资源文件、业务系统数据等，下面对这些数据的管理方法和技术进行介绍[14]。

1）历史数据归档

数据归档的目的是实现历史数据和信息被系统、科学、长期地保存，以便公司进行决策管理、上级或第三方机构监管等。

在技术实现上，早期，磁带库是主要的备份技术。如今，硬盘越来越便宜，磁盘阵列技术也日趋成熟，光盘存储也被认为是数据归档的一种手段。其特点是价格低廉、技术含量低，而且便于大范围分发。但是，其容量无法与磁带和磁盘相比，能够支持的应用也比较受限，因此并不适用于企业数据中心级别的数据归档应用。

随着应用的成熟与现实的需求，我们发现数据加密、身份认证、虚拟化等技术也逐步走进数据归档的应用中，并且有效地提高了数据归档应用的效率，增强了数据安全性，大大降低了操作的复杂性和成本。

2）代码管理

对于计算机信息系统集成企业来说，代码的安全存储、共享、协同开发是一个很重要的问题。随着软件开发过程的变迁，单一程序员的独立开发被软件开发团队的协同工作所取代。协同开发过程中，需要对文档、程序源文件进行版本控制，以避免各自为政之后带来的冲突与风险。

常用的代码版本控制软件有：①VSS（Microsoft Visual SourceSafe），是微软公司出品的版本控制系统。②CVS（Concurrent Version System）版本控制系统，是一种GNU软件包，主要用于在多人开发环境下的源码的维护。实际上，CVS可以维护任意文档的开发和使用，如共享文件的编辑、修改，而不仅仅局限于程序设计。CVS维护的文件类型可以是文本类型，也可以是二进制类型。③SVN（Subversion），是一个开源的版本控制工具，不仅可以管理程序源代码，也可以应用于其他协作管理数据的工作。

---

14 http://sec.chinabyte.com/254/12539754.shtml

3）资源安全共享

所谓信息资源的共享，必然是有限范围的共享，即给某个特定信息资源的访问者赋予一定的权限，访问者对该信息资源的操作只能限定在已设有的权限范围内，这样就可以达到资源信息有限共享的目的。此外，必须有效地对数据进行监控、管理，知道是哪些人对哪些数据进行了怎样的操作，并从中发现安全威胁和隐患。

使用安全型文件共享系统，在很大程度上能够满足各个企业、政府机构或者其他各种组织对信息资源的安全共享所提出的需求。

2．企业级数据中心

1）企业级数据架构

作为企业未来发展的愿景，企业级数据的演变进程可以分为三个阶段，即简化、共享和动态。每个阶段都可以通过一些架构模式得以实现。所谓的"架构模式"，是指用来实现某个特定目标的方法、步骤和最佳实践。通常架构模式分为以下 4 种。

- 物理整合：简化并减少基础设施资产，规范管理流程。
- 虚拟化：虚拟化企业资产，提高资源利用率，简化系统管理。
- 灵活化：通过自动化部署、策略驱动的服务水平管理、动态资源规划和调度、具有预测能力的规划和基于工作流的任务自动化，使基础设施能够更加容易地满足业务需求的变化。
- 将 IT 作为服务：实现最高级别的动态和自动化的 IT 能力，并将其转换为一系列的服务，在它们的整个生命周期中可以被订购、供应和管理。

2）企业级数据中心形式

随着硬件技术的进步，应用架构和设计观念不断发生变化，特别是 Client/Server 等代表性的观念，迎合了企业发展对 IT 的期望，逐步形成了现在大多数的数据中心模式。它们的主要特点是分布式的数据中心。根据不同的需求，可以分为以下几种形态：

（1）地域型：企业的每个分支机构都设立了自己相应的数据中心，其主要分布在不同的地域。这些数据中心通常在功能上是相近的，而服务的范围由分支机构管辖的范围决定。

（2）功能型：有些企业将数据中心按功能进行划分，如生产中心、测试中心、开发中心等。

（3）应用型：企业按照不同的应用特性分成不同的数据中心，如按业务类型分为私人理财中心、公共业务中心等，甚至由于不同的应用所部署的硬件平台不同而分成大型机中心、小型机中心等。

（4）并购型：企业发展中随着规模的扩大，并购了其他的企业，而那些并购企业的数据中心和现有的数据中心的整合也是一个需要考虑的问题。通常的分布式数据中心包括了分布的、专用的基础设施，在激增的应用条件下表现出效率低下等问题。分布式数据中心的随意性使得企业的计算资源被分割，不能充分利用，最终给企业带来较大的管理成本。同时，在支持业务的扩展能力上也存在不确定性。

3）企业级数据中心建设方法

企业级数据中心建设方法如下。

阶段一：研讨。针对企业基础架构进行评估，准确地理解客户的需求，了解数据中心的能源使用现状和需求。

阶段二、阶段三：评估与规划。通过数据中心策略和规划的评估与研究，帮助企业建立一个对现存IT环境正确认识的基线，制定一个路线图纲领性文件，包括诸如业务扩展的需求，评估可靠性、可恢复性和可扩展性等的需求，最终建立一个切合实际的数据中心模型。

阶段四：设计。第二阶段的路线图和未来数据中心模型一旦被采纳，就可以开始详细设计。详细列出实现方法和技术实现细节，并制订出详细的实施计划。

阶段五、阶段六：实施与管理。根据详细设计的方案和计划，开始具体实现。实现的过程可能会涉及新建设施、撤离设施、扩充设施等。具体到一些技术细节，可能包括服务器、存储设备、网络等的虚拟化实现，以及应用改造优化等。

虚拟化模式是全新企业级数据中心在简化和共享阶段均需要使用的方法。通过采用虚拟化技术，可以实现服务器处理能力的共享、存储系统的共享和网络资源的共享。物理整合模式和虚拟化模式是相辅相成的。采用物理整合模式的思路来规划，用虚拟化技术得到更高的效益。在对资源的全面整合过程中，信息整合和应用整合是更高层面的两个重要的整合元素，它可以使服务器和存储设备的整合变得更加有效，实现更加完美的基础架构整合。

第 2 节　企业级数据存储知识

信息社会的发展使得越来越多的信息被数据化，数据呈爆炸式增长。从存储服务的发展趋势来看，一方面是对数据的存储量的需求越来越大；另一方面，对数据的有效管理有着更高的要求。首先是存储容量的急剧膨胀，对于存储服务器提出了更大的需求；其次是数据持续时间的增加；最后，对数据存储的管理也有着高要求，如数据的多样化、地理上的分散性、对重要数据的保护等。

企业大数据存储中存在一些问题：一是存储数据的成本在不断增加，如何削减开支、节约成本以保证高可用性；二是数据存储容量爆炸性增长且难以预估；三是越来越复杂的环境使得存储的数据无法管理。

1. 数据存储技术

1）数据存储的技术分析[15]

目前磁盘存储市场上，根据服务器类型分为：封闭系统的存储和开放系统的存储。封闭系统主要指大型机，开放系统指基于包括 Windows、Linux、Mac OS 等操作系统的工作站。开放系统的存储分为内置存储和外挂存储，我们今天讨论的是外挂存储。开放系统的外挂存储根据连接的方式分为：直连式存储（Direct-Attached Storage，DAS）和网络化存储（Fabric-Attached Storage，FAS）。网络化存储根据传输协议又分为：网络接入存储（Network-Attached Storage，NAS）和存储区域网络（Storage Area Network，SAN）。

（1）网络接入储备（NAS）技术是一种专业的网络文件存储及文件备份设备，类似于一个专用的文件服务器，可以根据服务器或客户端计算机发出的指令完成对内在文件的管理。NAS 产品包括存储器件（如硬盘驱动器阵列、CD 或 DVD 驱动器、磁带驱动器或可移动的存储介质）和集成在一起的简易服务器，用于实现涉及文件存取及管理的所有功能。简易服务器经优化设计，可以完成一系列简化的功能，如文档存储及服务、电子邮件、互联网缓存等。集成在 NAS 设备中的简易服务器可以将有关

---

15 http://www.youshang.com/content/2010/06/01/16228.html

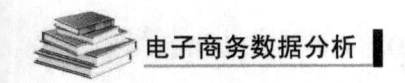

存储的功能与应用服务器执行的其他功能分隔开。

NAS 从两方面改善了数据的可用性：第一，即使相应的应用服务器不再工作了，仍然可以读出数据。第二，简易服务器本身不会崩溃，因为它避免了引起服务器崩溃的首要原因，即应用软件引起的问题。

（2）存储区域网络（SAN）是一种通过光纤集线器、光纤路由器、光纤交换机等连接设备，将磁盘阵列、磁带等存储设备与相关服务器连接起来的高速专用子网。存储区域网络（SAN）一方面可以实现大容量存储设备数据共享，另一方面也可以实现高速计算机与高速存储设备的互联，从而提高数据的可靠性和安全性。存储区域网络采用光纤通道（Fibre Channel）技术，通过光纤通道交换机连接存储阵列和服务器、工作站、主机，建立专用于数据存储的区域网络。SAN 经过十多年的发展，已经相当成熟，成为业界的事实标准（但各个厂商的光纤交换技术不完全相同，其服务器和 SAN 存储有兼容性的要求）。SAN 存储采用的带宽从 1Gbps 发展到目前的 4Gbps。

SAN 是独立于服务器网络系统之外，几乎拥有无限存储能力的高速存储网络。这种网络采用高速的光纤通道作为传输媒体，以 FC（Fiber Channel），光通道应用协议作为存储访问协议，将存储子系统网络化，实现了真正高速共享存储的目标。SAN 可以分为 FC SAN 和 IP SAN。

首先，FC SAN 克服了传统上与 SCSI 相连的线缆限制，极大地拓展了服务器和存储之间的距离，从而增加了更多连接的可能性。改进的扩展性还简化了服务器的部署和升级，保护了原有硬件设备的投资。但是，FC SAN 也存在很多不足之处。FC SAN 的传输距离通常不超过 50 公里，因此，FC SAN 还不能有效地整合更多的主机与存储的需求。虽然光纤通道、Fibre Channel 技术有统一的标准，但各家厂商却有不同的解释。时至今日，互操作性仍是 FC SAN 实施过程中存在的主要问题。SAN 本身缺乏标准，在管理上更是如此。随着 IT 技术的发展，所有 IT 产品的价格也在下降，但是基于 FC SAN 的存储设备价格仍居高不下。一个企事业单位如果考虑使用 FC SAN，就不得不购买 HBA、光纤交换机、光纤磁盘阵列、管理软件……这并不是中小企事业单位能够承受得起的。

而 IP SAN 是一种在传统 IP 以太网上架构一个 SAN 存储网络，把服务器与存储设备连接起来的存储技术。IP SAN 技术采用集中的存储方式，提高了存储空间的利用率。

在 IP SAN 中，千兆以太网交换机代替了价格昂贵且只有 FC SAN 专用的光纤交换机，客户端的 Initiator 或 iSCSI 卡代替了价格较高的主机 HBA 卡，具有 iSCSI 接口的高性价比的存储设备代替了光纤磁盘阵列。iSCSI（Internet SCSI，互联网小型计算机系统接口）是一种在 Internet 协议网络上，特别是以太网上进行数据块传输的标准。它是由多家存储厂商发起的，并且得到了 IP 存储技术拥护者的大力支持。iSCSI 是一个供硬件设备使用的，可以在 IP 协议上运行的 SCSI 指令集。简单地说，iSCSI 是可以在 IP 网络上运行的 SCSI 协议。

NAS 和 SAN 最本质的不同就是文件管理系统在哪里。SAN 结构中，文件管理系统（FS）分别在每一个应用工作站上；而 NAS 则是每个应用工作站通过网络共享协议（如 NFS、CIFS）使用同一个文件管理系统。换句话说，NAS 和 SAN 存储系统的区别是，NAS 有自己的文件管理系统。

从实际应用角度分析，随着企事业单位业务数据的增加，传统的存储系统已不能满足企事业单位的发展需要。同时，由于数据量的不断攀升，对于设备的容量、速度、可靠性、性价比的要求越来越高。因此，采用以存储区域网络（SAN）架构为主体技术进行系统集成是一个比较合理的选择。

2）虚拟存储技术

存储虚拟化的核心工作是物理存储设备到单一逻辑资源池的映射，通过虚拟化技术，为用户和应用程序提供了虚拟磁盘或虚拟卷，并且用户可以根据需求对它进行任意分割、合并、重新组合等操作，并分配给特定的主机或应用程序，为用户隐藏或屏蔽了具体的物理设备的各种物理特性。存储虚拟化可以提高存储利用率、降低成本、简化存储管理，而基于网络的虚拟存储技术已成为一种趋势，它的开放性、扩展性、管理性等方面的优势将在数据大集中、异地容灾等应用中充分体现出来。

3）网格存储系统

数据存储需求除了容量特别大之外，还要求广泛的共享，网格存储系统应该能够满足海量存储、全球分布、快速访问、统一命名的需求。主要研究的内容包括：网格文件名字服务、存储资源管理、高性能的广域网数据传输、数据复制、透明的网格文件访问协议等。

2. 数据处理时容易出现的问题分析

- 数据量过大。处理数据时，由于软件与硬件上都具有很高的要求，数据量过大可能造成系统崩溃和硬件损坏，能够导致处理程序终止。

- 软硬件要求高，系统资源占用率高。对海量的数据进行处理，除了好的方法外，最重要的就是合理使用工具、合理分配系统资源。
- 要求很高的处理方法和技巧。

3．数据存储的处理方法

- 选用优秀的数据库工具。
- 编写优良的程序代码。
- 对海量数据进行分区操作。
- 建立广泛的索引。
- 建立缓存机制。
- 加大虚拟内存。
- 分批处理。
- 使用临时表和中间表。
- 优化查询 SQL 语句。
- 使用文本格式进行处理。
- 定制强大的清洗规则和出错处理机制。
- 建立视图或物化视图。
- 避免使用 32 位机子（极端情况）。
- 考虑操作系统问题。
- 使用数据仓库和多维数据库存储。
- 使用采样数据，进行数据挖掘。
- 海量数据关联存储。

4．发展前景

大数据存储技术的发展前景，主要包含以下几个方面。

高容量光存储技术虽然改变了目前的存储格局，但是即便在它得到广泛推广之后，其企业客户基础在整个市场上的份额仍然很小。

分布式存储与 P2P 存储：分布式存储概念提出较早，目前再次成为热点。P2P 存储可以看作分布式存储的一种，是一个用于对等网络的数据存储系统，它的目标是提供高效率的、鲁棒和负载平衡的文件存取功能。

第 9 章　数据的管理和输出

数据网格：为了满足人们对高性能、大容量分布存储能力的要求所提出的概念，类似于计算网格，是有机的智能单元的组合。

智能存储系统：包括主动的信息采集、主动信息分类等。随着应用环境越来越复杂，存储需求区别也越来越明显，为保证存储服务质量，需要为应用提供区分服务。

存储容灾：通过特定的容灾机制，能够在各种灾难损害发生后，最大限度地保障计算机信息系统不间断地提供正常应用服务。

第 3 节　数据输出与管理方法

3.1　数据可视化分析

数据分析的结果通过数据可视化的方式将分析结果进行输出。

数据可视化，是关于数据视觉表现形式的科学技术研究。其中，这种数据的视觉表现形式被定义为，一种以某种概要形式抽提出来的信息，包括相应信息单位的各种属性和变量。数据可视化主要是借助于图形化手段，清晰有效地传达与沟通信息。

数据可视化思想为：将数据库中每一个数据项作为单个图元元素表示，大量的数据集构成数据图像，同时将数据的各个属性值以多维数据的形式表示，可以从不同的维度观察数据，从而对数据进行更深入的观察和分析。

如果可视化目标是为了观测、跟踪数据，就要强调实时性、变化、运算能力，可能就会生成一份不停变化、可读性强的图表。

如果为了分析数据，就要强调数据的呈现度，可能会生成一份可以检索、交互式的图表。

如果为了发现数据之间的潜在关联，则可能会生成分布式的多维的图表。

如果为了帮助普通用户或商业用户快速理解数据的含义或变化，则会利用漂亮的颜色、动画创建生动、明了、具有吸引力的图表。

案例：

Qlik 成立于 1993 年，致力于数据可视化分析领域，有 QlikView 和 Qlik Sense、Qlik 分析平台等产品，提供自助数据可视化及分析服务直观解决方案。目前，在全球有海尔、7-11 等三万多家客户。

Qlik Sense：将数据可视化。

Qlik Sense 是 Qlik 的重量级产品，帮助用户快捷地实现交互式的数据可视化、报表及分析仪表盘。从简单的 Excel 到多种数据源，都可以便捷地导入 Qlik Sense 应用；信息关联与整合，通过关联，可以快速查看多个图表之间的联系，同时可以把分析带到应用里；搜索，通过输入关键的单词或数字，可以对整个数据库进行分析。

Qlik Sense 的受众从普通员工到企业高层都适用。一个企业的数据，来自销售人员、业务人员、ERP 系统、公司其他系统，把它整合以后，数据都可以被利用，通过 Qlik 的仪表盘，就可以便捷地查看感兴趣的内容。

Terry Smagh 介绍，管理层也可以自己创建自己的可视化，比如对于来自销售人员的数据，管理层可以通过简单的操作了解销售方面的情况；如果高管想了解财务状况，可以直接拖拉相关的数据形成需要的财务报表等可视化的内容。

3.2 常用的 5 种可视化方法

在最常用和实用的维度上有 5 种数据可视化方法，具体如下。

1. 面积&尺寸可视化

对同一类图形（如柱状、圆环和蜘蛛图等）的长度、高度或面积加以区别，来清晰地表达不同指标对应的指标值之间的对比。

这种方法会让浏览者对数据及其之间的对比一目了然。制作这类数据可视化图形时，要用数学公式计算，来表达准确的尺度和比例。

（1）天猫的店铺动态评分。

（2）联邦预算图。在美国联邦预算剖面图中，用不同高度的货币流清晰地表达了资金的来源去向，以及每一项金额所占的比重。

(3) 公司黄页——企业能力模型蜘蛛图。通过蜘蛛图的表现，公司综合实力与同行平均水平的对比一目了然。

2. 概念可视化

通过将抽象的指标数据转换成我们熟悉的、容易感知的数据，使用户更容易理解图形要表达的意义。

例如，厕所贴士图是厕所中贴在墙上的节省纸张的环保贴士，用了概念转换的方法，让用户清晰地感受到员工们一年的用纸量之多。

如果只是描述擦手纸的用量及堆积可达高度，那么我们还没有显性化概念，但当用户看到用纸的堆积高度比世界最高建筑还高，同时需砍伐500多棵树时，想必用户节省纸张甚至禁用纸张的情怀便油然而生了。所以，可见用概念转换的方法是多么的重要和有效。

3. 颜色可视化

通过颜色的深浅来表达指标值的强弱和大小，是数据可视化设计的常用方法。用户一眼看上去便可整体看出哪一部分指标的数据值更突出。

4. 图形可视化

在我们设计指标及数据时，使用有对应实际含义的图形来结合呈现，会使数据图表更加生动地被展现，更便于用户理解图表要表达的主题。

5. 地域空间可视化

当指标数据要表达的主题跟地域有关联时，我们通常会选择用地图作为大背景。

这样用户可以直观地了解整体的数据情况，同时也可以根据地理位置快速地定位到某一地区来查看详细数据。

数据可视化设计时的注意事项如下。

（1）设计的方案至少适用于两个层次：一是能够整体展示大的图形轮廓，让用户能够快速了解图表所要表达的整体概念；二是以合适的方式对局部的详细数据加以呈现（如鼠标 hover 展示）。

（2）做数据可视化时，上述的5个方法经常是混合使用的，尤其是做一些复杂图形和多维度数据的展示时。

（3）做出的可视化图表一定要易于理解，在显性化的基础上越美观越好，切忌华而不实。

3.3 数据可视化图表

数据可视化图表则隶属于视觉传达的一种设计，是以凝练、直观和清晰的视觉语言，通过梳理数据构建图形、通过图形构建符号、通过符号构建信息，以视觉化的逻辑语言对信息进行表达[16]。

1. 图表类型

数据可视化图表能使复杂问题简单化，能以直观方式传达抽象信息，使枯燥的数据转化为具有人性色彩的图表，从而抓住阅读群体的眼球。

设计的目的决定了图表设计的形式，按照形式特点，我们常把图表分为关系流程类图表、叙事插图型图表、树状结构示意图、时间表述类示意图及空间结构类示意图5种类型。不管何种类型，都是运用列表、对照、图解、标注、连接等表述手段，使视觉语言最大化地融入信息之中，使信息的传达直观化、图像化、艺术化。

1）关系流程类图表

我们用语言难以表述清楚的东西，如果借助于图形来说明，则效果会好得多。如果想说明的事情需要绞尽脑汁、费尽口舌来表述，而且也许自己讲起来也会是一团乱麻，即使从头至尾给阅读群体讲一遍内容也会有遗漏或乱头绪的地方。如果有图形辅助就不一样了，我们可以迅速地找到表述亮点或表述事件的主干，这样能让你的主题和思路清晰、动人。

2）叙事插图型图表

叙事型图表就是强调时间维度，并随着时间的推移，信息也不断有变化的图表；插图型图表就是用诙谐幽默的图画来表达信息的图表，如图9-3-1所示。

---

16 http://www.woshipm.com/ucd/154251.html

第 9 章 数据的管理和输出

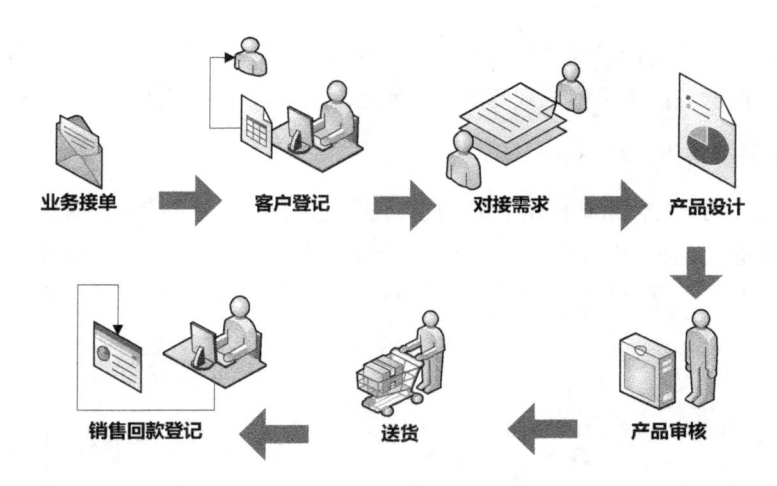

图 9-3-1 叙事插图型图表

3）树状结构示意图

树状结构示意图具有非常有序的系统特征，可以把繁复的数据通过分支梳理的方式表达清楚。运用分组，每组再次分类的主体框架表示主从结构，让数据与示意图有效地结合在一起。

4）时间表述类示意图

时间表述类示意图如图 9-3-2 所示。

图 9-3-2 时间表述类示意图

215

时间表述类示意图只要以时间轴为中心加入文字数据即可。从设计的角度来看，将主题融入图形设计中，挑选重要事件点解读，就可以使画面精美，加深理解力度。

5）空间结构类示意图

运用设计语言把繁杂结构模型化、虚拟化是空间结构示意图存在的意义。大篇幅的文字讲不清楚的事情，也许需要的仅仅是一个简单的空间结构示意图，如图9-3-3所示。

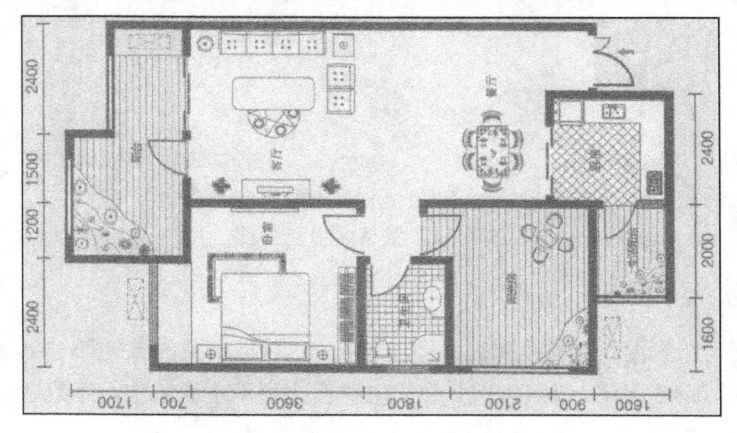

图9-3-3 空间结构类示意图

2. 图表设计流程

可视化图表的设计流程又是怎样的呢？数据内容从哪里来？图表内容怎样取舍？

从图9-3-3中可以看出，这个流程需要协作完成，数据需要筛选和整理。精准是首要条件，其次是梳理。找出主线逻辑，筛选次要内容，从而进行精心的设计。图表作为信息传达中的一种独特的表现方式，已经渗透到生活的各个方面。它不仅仅是文字的补充说明，更可以独立表现内容。完美的图表创意是任何人都感到清晰明了的作品。我们现在就来关注它必备的几大要素。

1）基础图形创意

在设计中，基础图形创意是重中之重。柱状图和饼状图是最常用的两种基础图形，但是简单的几何形态很难给人设计感，通过对基础图形的创意来突出设计主题，就可以取得一举多得、事半功倍的效果。

2）高吸引度与视觉亮点

在读者阅读过程中，如果想要设计作品始终占据视觉的主导地位，就需要作品本身具有很好的表现力。这需要我们费尽心思去让读者以最直观的方式去理解作品所要传达的信息内容。互联网的发展使信息的更新速度非常快速，从传统网页到社交微博，用户对信息的浏览速度也越来越快，高吸引度便是最宝贵的财富点。如图 9-3-4 所示，风趣幽默的表现手法、时下最新的热点，都是我们设计的入手点。

图 9-3-4　最新热点类图表

3）画面简洁明了

图表设计是直观的、形象的、准确的、明了的，它的表现手法虽然多种多样，但是在信息传达方面始终要坚持可读性和条理性共存，如图 9-3-5 所示。

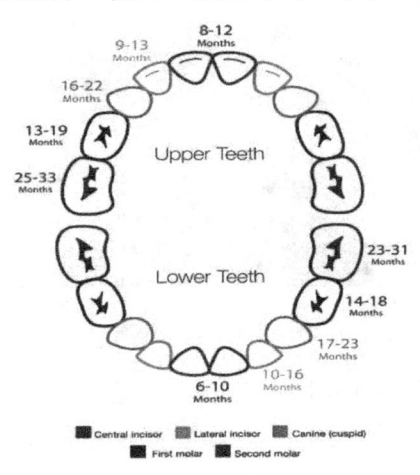

图 9-3-5　图表设计图

图 9-3-5 中，图表的优势就在于简化了表格信息的同时让人身临其境。信息的整理和归纳也并不是越多越好，力求以最精简的数据产出最清晰的效果，使人一目了然。

4）视觉导向与秩序

图表的版面设计要充分尊重人们的阅读习惯，当一张图表中充斥了大量的信息时，需要设计者合理地利用视线移动规律，将信息顺畅、有效地传达给读者，可提高人们对信息的理解能力，给人舒适的阅读感受。反之，则会失去图文重点，让人不解其意，给人以杂乱无章的感觉。

5）象征图释

在图表设计中，我们尽可能少用文字来表达信息含义，用图说话、用图沟通。其实在我们的生活中，部分公共标识就已经很好地做到了这一点，公共场所出现的各种导视图形，就起到了很好的指示说明作用。象征性图释要以受众广为前提和目标。

如图 9-3-6 所示，在设计上要注重保持风格的统一，这样才能让人视觉连贯、赏心悦目。

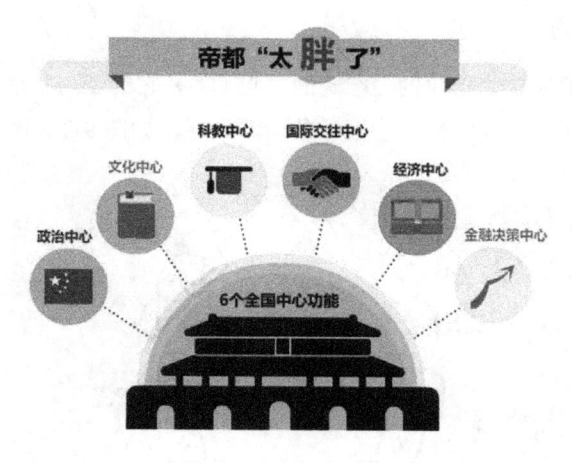

图 9-3-6 象征图释

信息图表不仅优化了传统的图文阅读方式，而且已经成为当下视觉传达发展的必然趋势。信息图表不仅把枯燥的文字、数据变成美好的阅读体验，而且刷新了设计师们的设计思维方式，焕发出他们更丰富的设计潜能。

3.4 数据可视化的发展趋势

1. 开拓软件业高科技市场

数据可视化技术的广泛应用，促使软件业在各个行业有了高科技市场。一些可视化软件相继出现，这不仅提高了各个行业的工作效率，而且也促进了可视化技术的发展。

2. 虚拟现实技术的发展

数据可视化技术的发展，大大促进了虚拟现实技术的发展。而二者的结合，一方面能大大增强使用者的"沉浸感"和"临场感"；另一方面，这种"沉浸感"和"临场感"会使人有一种身临其境的感觉，这样就必然会加深对信息的认识和理解，从而加深了记忆。因此，数据可视化技术在虚拟现实方面有一个好的应用前景。

3. 数据挖掘技术的发展

数据挖掘（Data Mining）是指从大量的、不完全的、有噪声的、模糊的、随机的数据中提取隐含在其中的、人们事先不知道的，但又是潜在有用的信息和知识的过程。数据可视化技术，确切地说是信息可视化技术，可以促进数据挖掘技术的重大发展。

4. 在商务、金融和通信等领域，有着十分广阔的应用前景

数据可视化与信息可视化的分界越来越小，在商务、金融等方面也会有广阔的应用前景，如可视化技术在财务指标或流通量统计中的应用；可视化技术在人口普查、健康状况、现金交易、顾客群、销售业绩等方面的应用；可视化技术在数字图书馆中的应用；可视化技术在诸如专利文献、年报、软件模块、数据结构等复杂文档中的应用；可视化技术在诸如病历、学习成绩、经济趋势、股市走向、项目管理等方面的应用。

本章练习题

一、是非题

1. 数据可视化主要是借助于表格清晰有效地传达与沟通信息。　　（　　）
2. 树状结构图一般可以把繁复的数据通过分支梳理的方式表达清楚。（　　）

二、单选题

1. 下列哪个选项不属于数据存储的处理方法（　　）。

A．使用图文存储

B．建立缓存机制

C．加大虚拟内存

D．分批处理

2．数据的管理方法和技术不包括（　　）。

A．历史数据归档

B．代码管理

C．资源安全共享

D．数据优化

三、多选题

1．属于数据可视化图表的类型的有（　　）。

A．关系流程类图表

B．叙事插图型图表

C．树状结构示意图

D．时间表述类示意图

2．企业大数据存储中存在的问题为（　　）。

A．存储数据的成本在不断增加

B．数据存储容量爆炸性增长且难以预估

C．越来越复杂的环境使得存储的数据无法管理

D．大数据使用范围逐步集中化

四、问答题

1．列举常用的5种可视化方法。

2．请分析数据处理时需注意的事项。

3．简述企业数据安全管理常用的方法和手段。

各章练习题参考答案

第 1 章

一、是非题

　　1．正确　　2．错误　　3．正确

二、不定项选择题

　　1．B　　2．ABCD　　3．A

三、问答题

　　1．参考答案：

（1）网站后台的数据：

- 网站用户数据（注册时间、用户性别、所属地域、来访次数、停留时间等）。
- 订单数据（下单时间、订单数量、商品品类、订单金额、订购频次等）。
- 反馈数据（客户评价、退货换货、客户投诉等）。

（2）搜索引擎的数据：

- 网站在各个搜索引擎的收录量（site）。
- 网站在搜索引擎的更新频率。
- 关键词在搜索引擎的竞价排名情况。
- 网站取得的搜索引擎信任的权重（谷歌有 PR 值、搜狗有 SR）等。

（3）统计工具的数据：

网站统计工具很多，基本都会提供访客来自哪些地域、访客来自哪些网站、访客来自哪些搜索词、访客浏览了哪些页面等数据信息，并且会根据需要进行广告跟踪等。

（4）调查问卷收集的数据：

调查问卷是最常用的一种数据收集方法，以问题的形式收集用户的需求信息。

2．参考答案：

企业需求：高级分析师及以上职位通常是数据人力架构中的"火车头"，承担企业数据方向的领导职能，人员比例为20%～40%。

职能定位：高级分析师的定位是企业数据工作方向规则体系建设、流程建设、制度建设等，服务对象通常是业务及企业领导层。

职业要求：

- 能搭建起企业数据体系，并根据企业发展阶段提出适合当前需求的数据职能和技术架构方案。
- 规划出所负责领域内数据工作方向、内容、排期、投入、产出等，并做投入产出分析和数据风险管理。
- 实时跟进项目进度和落地，并通过会议、汇报、总结、阶段性目标、KPI等形式做好过程控制和结果控制。

第2章

一、是非题

1．错误　　2．正确

二、单选题

1．D　　2．D

三、多选题

1．ABC　　2．ABCD　　3．DE

四、问答题

1．参考答案：

电商数据分析的营销类业务指标包括曝光量、点击量、点击率、CPM、CPD、CPC、CPA、每订单成本、每有效订单成本、ROI。

2．参考答案：

（1）网站流量来源排名：哪些网站贡献的流量多，哪些贡献的少。

(2) 搜索引擎关键词分析：根据关键词的来源分析来查看网站产品分布和产品组合。如果关键词查询多的产品不是网站的主推品，可以进行适当调整。

(3) 网站流量趋势分析：网站的流量是否均衡稳定，是不是有大幅度波动。一般来说，流量突然增加的网站，如非发生突发事件，购买的广告位作弊的嫌疑比较大。

(4) 网站流量核对：查看是否有莫名流量来源，流量来源大不大。如果莫名来源流量很大，则有可能是您购买的 CPC 或者其他资源被注水了，将您的广告链接分包给了点击联盟。推介网站与直接访问的比例：推介网站可以理解为外部广告，直接访问就是用户直接输入网址。一般来说，直接访问量越大，说明网站的知名度越高。

3. 参考答案：

（1）从这一周的数据可以看出，周末的销售额明显偏低。这其中的原因可以从两个角度来分析：站在消费者的角度来看，周末可能不用上班，因而也没有购买该产品的欲望；站在产品的角度来看，该产品不能在周末的时候引起消费者足够的注意力。

（2）针对该问题背后的两方面原因，运营改进计划也分两方面：一是针对消费者周末没有购买欲望的心理，引导提醒消费者周末就应该准备好该产品；二是通过该产品的一些类似于打折促销的活动来提升该产品在周末的人气和购买力。

第 3 章

一、是非题

1．正确　　　　　　2．错误

二、单选题

1．D　　　　　　　2．A

三、多选题

1．ABCD　　　　　2．ABC

四、问答题

1．参考答案：

（1）获取用户的渠道和成本分析。

（2）订单成交率分析。

（3）如何提高网站用户流量。

（4）在线广告的投资回报率。

2．参考答案：

（1）明确调查的目的和任务。目的主要在于获得用户对产品的需求与现有用户使用等方面的信息，为公司调整、完善市场策略提供信息支持。

（2）确定调查对象和调查单位或场所。确定调查对象和调查单位，可以保证用户调研的顺利进行。

（3）确定调查内容与项目。

（4）确定调查表和问卷设计。调查表和问卷设计，如用户对产品的需求调查问卷、竞争对手调查提纲等。

（5）确定调查时间和调查期限。

（6）确定调查方式与方法。

（7）资料整理方案。资料整理方案主要包含：用户数据的整理方案、需求数据的整理方案、编制商家层次划分数列、客户的分类统计、对定性资料的分类归档、对产品的市场普及率统计、市场需求潜力的测定和市场占有率的测定。

（8）确定市场调查进度。

（9）调查组织计划。

（10）撰写调查计划书。

第4章

一、是非题

1．正确　　2．错误

二、单选题

1．A　　2．B

三、多选题

1．ABCD　　2．ABCDE

四、问答题

参考答案：

营销分析报告区别于日常报告的一个重要特点是，营销分析报告是围绕某个特定领域展开小而精的深入研究，而日常报告则侧重于某个周期大而全的概要分析。

营销分析报告的结构如下。

（1）封皮和封底：每个公司都有自己的封皮和封底模板。

（2）摘要页：摘要页是对报告中内容的概述，方便领导层直接了解报告内容而无须阅读整个报告。

（3）目录页：如果报告内容过多，则需要通过目录告诉阅读者本报告包括哪些内容。

（4）说明页：关于报告中数据时间、数据粒度、数据维度、数据定义、数据计算方法和相关模型等内容的特殊说明，目的是增强报告的可理解性。

（5）正文页：正文页是报告的核心，通常使用总—分—总的思路撰写报告。作为日常报告，除了数据陈列外，一定要有数据结论；而对于数据结论的挖掘，可根据阅读者的需求自行安排并酌情添加。

（6）附录：如果报告存在外部数据引用、原始数据、数据模型解释等，建议作为附录放在报告最后。

第 5 章

一、是非题

1．错误　　2．正确

二、单选题

1．D　　2．A

三、多选题

1．ABCD　　2．ABCD

四、问答题

1．参考答案：

网络广告营销效果数据分析指标包括广告展示量、广告点击量、广告到达率、广告二跳率、广告转化率。

2．参考答案：

网站运营分析主要应关注两方面：

（1）宏观层面，关注整体资源分配、流程完善和资源整合。宏观层面分两个维度：

①网站运营环节与公司其他环节的横向分析，即关注不同部门间的协作、整合关系。

②网站运营自身流程的纵向分析，即不同运营事件之间的关联影响及流程优化。

（2）微观层面，关注运营本身的要素、细节和过程。

①资源类型：广告位、商品位、活动位、资讯位等站内资源，还可能包括会员通道、资源互换、联合运营等站外资源。

②资源排期：所有资源位的排期，起始时间、跨越时间长度；尤其是重要节假日的排期，如春节、"十一"等国家法定节假日，周年庆等企业节日，"6·18"、"双11"等电商节日。

③运营内容：每种资源位上架的内容、类型等要素。

④促销卖点：运营内容上可能引起用户关注的要素，如降价、折扣等；促销手法，如关联销售、打包促销和组合销售等。

⑤资源位效果：不同资源位有不同的引流效果，重点关注大型流量页面及资源位，如首页、焦点图、横幅等。

⑥资源位布局：同一页面中多个资源位之间的相互影响关系，焦点图、顶部导航资源的利用率分析。

⑦资源位组合：不同资源位置和内容之间的相互关系，重点是优势资源+劣势内容、劣势资源+优势内容的组合分析。

3．参考答案：

业务经营分析报告的结构由标题、前言、主体和结尾四部分组成。

1．标题

业务经营分析报告的标题应当高度概括分析报告的主要内容、对象及作者的基本观点，以影响读者、指导读者正确理解分析报告。业务经营分析报告的标题有单标题和双标题两种。

2．前言

前言即分析报告的开头，其写法多种多样，应视具体情况灵活掌握。

有的在开头部分简要说明调查分析的时间、地点、对象、内容、范围及方式方法等；有的交代写作目的，说明选题的重要意义，以利于读者了解作者的写作动机，引导读者把握分析报告的重心，正确理解分析报告的基本含义；有的简要介绍分析报告的主要内容；有的点出作者的基本观点；有的介绍分析对象的基本情况；有的提出问题，引起注意……

3．主体

主体是业务经营分析报告的主要部分。在此部分，需要围绕选题，提出问题、分析问题、解决问题，并且要有情况、有数据、有观点、有分析。

主体部分的结构安排有纵式结构和横式结构两种。

纵式结构按照事物发生、发展的时间顺序或人们认识发展的规律，层层递进，依次安排布局，适用于事理明了、内容单一的专项分析报告。横式结构则根据分析内容的性质，划分成几个方面或问题，循着某一逻辑关系并列安排布局。

4．结尾

结尾是分析报告的结束部分，其主要作用是总结全文、点明主题、得出结论、揭示问题、提出建议、展望未来、鼓舞斗志、加深认识等。但若在前言或主体部分已得出结论、提出建议、展望未来、点明主题，也就无须再画蛇添足，可灵活掌握运用。

第 6 章

一、是非题

1．正确　　2．正确

二、单选题

1．D　　　2．D

三、多选题

1．ABCD　　　2．ABC

四、问答题

1．参考答案：

（1）应用于用户分群的模型：K-Means、RFM、KNN。

（2）应用于用户预测的模型：SVM、C4.5。

（3）应用于营销规则提取的模型：Apriori。

2．参考答案：

（1）试验要能证明该改进计划能显著提升 A、B、C 三类客户的周消费次数。

（2）根据三类客户的数量，采用分层比例抽样。

需要采集的数据指标项有：客户类别、改进计划前周消费次数、改进计划后周消费次数。

选用统计方法为：针对 A、B、C 三类客户，分别对改进前和改进后的周消费次数，进行两独立样本 T-检验（Two-Sample T-Test）。

3．参考答案：

用户行为分析包含的内容如下：

- 调研公司的用户特征分析数据。
- 网站的流量数据，包括 PV、UV、访问次数、跳出率、驻留时间、进入和退出页面等。
- 网站的访问者数据，包括细分用户、忠诚度、点击密度、访问路径等。
- 网站的会员和销售数据，包括会员信息和订单信息。

用户行为数据的主要分析方法如下：

- 按照时间变化的历史趋势分析。
- 特定条件下的 TopN 分析、热点分析。

- 用户特征分析。
- 关联分析。
- 分类。
- 对比分析。

第 7 章

一、是非题

1．正确　　2．错误　　3．错误

二、多选题

1．ABC　　2．AB

三、问答题

1．参考答案：

常用的网店数据工具有：

（1）生意参谋。

（2）数据魔方。

（3）赤兔。

（4）生 e 经。

（5）数据罗盘。

2．参考答案：

数据魔方的作用包括：

- 了解行业市场趋势。
- 洞悉行业热卖特征。
- 关注竞争对手情报。
- 掌握买家购物习惯。

数据魔方的订购流程如下。

- 第一步：进入淘宝首页（www.taobao.com），登录账号，单击"我是卖家"选项卡，在"我是卖家"页面单击右侧的"订购服务"按钮。
- 第二步：在新打开页面的搜索框中输入"数据魔方"后进行搜索，在搜索结果页面单击"数据魔方专业版"。
- 第三步：选择所需类目，确认无误后，单击"下一步"按钮，进入支付宝付款页面。
- 第四步：进入支付宝付款界面，可按照支付宝流程进行数据魔方的购买。

第 8 章

一、是非题

1. 错误　　2. 正确

二、单选题

1. C　　2. A

三、多选题

ABCD

四、问答题

1. 参考答案：

网站分析常用工具包括：

（1）Adobe Analytics。

（2）Webtrekk。

（3）Google Analytics。

（4）IBM Coremetrics。

（5）Piwik 百度统计。

（6）Flurry。

（7）友盟。

2．参考答案：

（1）数据思路类工具：思维导图（MindManager）、XMind、FreeMind、Visio。

（2）数据存储与提取工具：Access、MySQL、Oracle、SQL Server、DB2、Sybase、Navicat、Excel。

（3）数据分析与挖掘工具：Excel、SPSS、Clementine、SAS、Python、R。

（4）数据可视化工具：Excel、PPT、Tableau、Qlik、水晶易表。

（5）商业智能类：微软、IBM、Oracle、SAP、Informatica、Microstrategy、SAS。

第9章

一、是非题

1．错误　　2．正确

二、单选题

1．A　　2．D

三、多选题

1．ABCD　　2．ABC

四、问答题

1．参考答案：

常用的5种可视化方法如下：

（1）面积&尺寸可视化。

（2）概念可视化。

（3）颜色可视化。

（4）图形可视化。

（5）地域空间可视化。

2．参考答案：

（1）数据量过大。处理数据时，由于软件与硬件上都具有很高的要求，数据量过大可能造成系统崩溃和硬件损坏，能够导致处理程序终止。

（2）软硬件要求高，系统资源占用率高。对海量的数据进行处理，除了好的方法外，最重要的就是合理使用工具、合理分配系统资源。

（3）要求很高的处理方法和技巧。

3．参考答案：

1）历史数据归档

数据归档的目的是实现历史数据和信息被系统、科学、长期地保存，以便公司进行决策管理、上级或第三方机构监管等。

2）代码管理

对于计算机信息系统集成企业来说，代码的安全存储、共享、协同开发是一个很重要的问题。随着软件开发过程的变迁，单一程序员的独立开发被软件开发团队的协同工作所取代。协同开发过程中，需要对文档、程序源文件进行版本控制，以避免各自为政之后带来的冲突与风险。

常用的代码版本控制软件有：①VSS（Microsoft Visual SourceSafe），是微软公司出品的版本控制系统。②CVS（Concurrent Version System）版本控制系统，是一种GNU软件包，主要用于在多人开发环境下的源码的维护。实际上CVS可以维护任意文档的开发和使用，如共享文件的编辑、修改，而不仅仅局限于程序设计。CVS维护的文件类型可以是文本类型，也可以是二进制类型。③SVN（Subversion），是一个开源的版本控制工具，不仅可以管理程序源代码，也可以应用于其他协作管理数据的工作。

3）资源安全共享

所谓信息资源的共享，必然是有限范围的共享，即给某个特定信息资源的访问者赋予一定的权限，访问者对该信息资源的操作只能限定在已设有的权限范围内，这样就可以达到资源信息有限共享的目的。此外，必须有效地对数据进行监控、管理，知道是哪些人对哪些数据进行了怎样的操作，并从中发现安全威胁和隐患。

反侵权盗版声明

电子工业出版社依法对本作品享有专有出版权。任何未经权利人书面许可，复制、销售或通过信息网络传播本作品的行为；歪曲、篡改、剽窃本作品的行为，均违反《中华人民共和国著作权法》，其行为人应承担相应的民事责任和行政责任，构成犯罪的，将被依法追究刑事责任。

为了维护市场秩序，保护权利人的合法权益，我社将依法查处和打击侵权盗版的单位和个人。欢迎社会各界人士积极举报侵权盗版行为，本社将奖励举报有功人员，并保证举报人的信息不被泄露。

举报电话：（010）88254396；（010）88258888
传　　真：（010）88254397
E-mail：dbqq@phei.com.cn
通信地址：北京市万寿路 173 信箱
　　　　　电子工业出版社总编办公室
邮　　编：100036